关键陪伴阅读游戏一

陪伴孩子知多少

步骤 1：家长与孩子共同阅读下面的故事

苏洵优陪孩子好榜样

苏洵这个人做最好的自己做得一般，但做父亲做得超级成功，堪称史上“最成功的老爹”。

苏洵年少时喜欢游山玩水，潇洒走人生，去过很多地方旅游。他的二哥苏涣，24 岁就高中进士上班去了，而苏洵此时还未开始发愤读书。

苏洵发愤读书，也是要为两个儿子做榜样。自己混到 20 多岁就算了，不能耽误孩子好好读书。为了促学儿子，苏洵发明了各种方法促进孩子读书，比如“藏书促学”“共同研习”等。

孩子不是爱玩不想读书吗？那我就把书故意藏起来，引起你的好奇心，让你使劲找。等你好不容易找到书，自然想看看老爹藏起来的宝贝是什么，书就轻轻松松地读进去了。这就是“藏书促学”。

苏洵还倡导兄弟帮。苏轼和苏辙年纪相仿，苏洵就让两个儿子你背一段，我背一段；你弹一段，我弹一段。兄弟俩一起学习和比赛，这不就是“一帮一，一对红”吗？这就是“共同研习”。50 多年后，年过六旬的苏轼在海南儋州，一天晚上做梦，还梦到老爹教他们哥儿俩读书的情景。做爹做到这种程度，苏洵能不成功吗？

教孩子实施“三不主义”

苏洵教育孩子，实施“三不主义”，不瞪眼、不尖吼、不掌脸，而且以身作则，言传身教。他下定决心读书后，便有只争朝夕的势头，也是给孩子做个榜样。

但对孩子来说，玩耍仍远比读书有趣。为此，苏洵没有动辄举办“人生大讲堂”，痛述自己的人生悔悟，也没有动不动就让孩子罚站、打孩子板子，令孩子带着恐惧去读书，反而积极培养孩子的学习兴趣，藏书以促学，倡导同学帮，视学为乐事，视习为餐饮，终而极大地调动了两个孩子的学习热情。苏洵带着两个儿子一同读书，把家中的书房命名为“来风轩”，不承想，它后来竟成了中国文学史上的一座祖庙。

墙上挂上孩子的佳句

在苏洵的指导下，苏轼兄弟从小就习作文章。苏轼10来岁时作《黠鼠赋》，竟写出了：

人能碎千金之璧而不能无失声于破釜，能搏猛虎不能无变色于蜂虿……

意思是说，人能在打破价值千金的碧玉时不动声色，而在打破一口锅时失声尖叫；人能够和猛虎搏斗，可见到蜂蝎时不免变色。我认为可以将之理解为：人们可能会经得起大风大浪，却有可能在小阴沟里翻船。苏洵很欣赏这篇习作，苏轼也对此十分得意，在后来所作的《颜乐亭诗

（并叙）》中曾加以引用。

难能可贵的是，苏洵还把其中的佳句抄写下来，挂在书房里，让两个孩子从小就为自己的成就感到自豪。在这点上，苏洵当爹与他爹有一拼，就是都没有给孩子太大的压力，而是根据孩子的自身情况因势利导，顺势而为，足令后人敬佩！

由此，苏洵教子的成功在于：不用“棍棒”“恐吓”之类简单、强制的教育方法，而是巧用孩子的好奇心和求知欲。

步骤 2：家长与孩子共同讨论下面的问题

1. 苏洵当爹对当今的家长有什么启示？

2. 苏洵自己的人生经历对孩子有什么启示？

3. 家长怎样参考苏洵的育子经验，陪伴好孩子快乐成长？

关键陪伴阅读游戏二

孩子优点大盘点

步骤 1：家长与孩子共同阅读下面的故事

陆游赏识孩子有主见

陆游是南宋的著名诗人，他最小的儿子名叫陆子聿，小的时候很聪明，也很好学。更可贵的是，陆子聿对政治颇有自己的主见，每每评论政事，都会滔滔不绝。对此，陆游并不是以长辈的权威来压制儿子评论政局，而是加以赏识和肯定，这在他的《示儿》中有突出的呈现：

……读书习气扫未尽，灯前简牍纷朱黄。吾儿从旁论治乱，每使老子喜欲狂。不须饮酒径自醉，取书相和声琅琅……

意思是：读书习气改不了，灯前黄旧的书籍布满红色的圈点。儿子旁论治乱世，常常使我喜出望外。不需喝酒，我已经醉了，我取来书本，与之互相应和，书声琅琅。陆游如此抬举儿子，令他从小既有主见，也有自信，在众人面前陈述自己的观点时，不会太在乎别人会怎么想，而是在乎自己的话有没有说明白。他最后官至吏部侍郎、中奉大夫，成就远在老爹之上，不负老爹对他的悉心栽培。

陆游当爹对当今的家长，特别是父亲非常有启示，就是对于孩子的见解，不要轻易地加以否认、调侃，动不动就说“你这算什么事，想当年老爹我做的事比你厉害多了”。孩子在父亲面前抬不起头，将来在领导面前可能也会唯唯诺诺，因为他从来没有自主表达、自信表达的机会。

步骤 2：家长与孩子共同讨论下面的问题

1. 陆游当爹对当今的家长有什么启示？

2. 陆游怎样激发孩子的想象力？

3. 家长怎样参考陆游的育子经验，陪伴好孩子成长？

关键陪伴阅读游戏三

孩子兴趣变志趣

步骤 1：家长与孩子共同阅读下面的故事

祖冲之兴趣变志趣，志趣变志向

祖冲之是世界上第一个将圆周率精确到小数点后七位的人，阿拉伯数学家阿尔·卡西和法国数学家维叶特在一千多年后才超越了他。祖冲之的爷爷名叫祖昌，做过刘宋朝负责营造设计的大匠卿。祖冲之的父亲名叫祖朔之，奉朝请。

儿时，父亲让他背诵《论语》《春秋》，可小冲之就是不上心，父亲检查他的学业时，发现他毫无长进，对他严加斥责。

爷爷知道此事后，带着祖冲之去他负责的工地上走走看看。在工地上，祖冲之兴趣十足，问这问那，没完没了。一天晚上，小冲之看着天上的月亮问爷爷，为什么十五的月亮才是最圆的？爷爷解释说月亮有自己的运行规律，所以月初扁，月中圆。此后，祖冲之对天文历法发生了浓厚的兴趣，于是，爷爷带他去请教自己的同事何承天。后来，何承天干脆收祖冲之为徒，引领其成为一代数学、天文巨匠。

这正如孔子所言："知之者不如好之者，好之者不如乐之者。"也就是说，人只有感兴趣，才会主动去求知。

家长育儿，不可不知啊！

步骤 2：家长与孩子共同讨论下面的问题

1. 祖冲之爷爷育子对当今的家长有什么启示?

2. 祖冲之爷爷是怎样激发小孙儿的兴趣 - 志趣转化的?

3. 家长怎样参考祖冲之爷爷的育子经验，陪伴好孩子成长?

关键陪伴阅读游戏四

寻找生命中的贵人

步骤 1：家长与孩子共同阅读下面的故事

苏洵给孩子寻找贵人

苏洵育儿，刚开始在眉州给两个孩子请了老师，但很快就遇到了瓶颈，于是他就想方设法给孩子拜名师，找贵人。

1054 年，苏洵先是联系上时任雅州知州的雷简夫，亲携两个孩子前去拜访，请求指导两个孩子的学问长进。雷简夫不仅与苏洵十分投缘，也十分喜欢苏轼、苏辙两兄弟，并投书信给益州知府张方平，请代为引荐。

1055 年，苏洵写了《张益州画像记》，颂扬了时任户部侍郎兼益州知府张方平的治蜀政绩，并投书张方平。张方平收到信后，邀请苏洵带着两个孩子赴成都会面，还对他们进行了摸底考试，结果成绩都十分优异。张方平告诉苏洵："二子皆天才，长者明敏尤可爱。然少者谨重，成就或过之。"此外，张方平还出钱给"三苏"各置办了一身新衣服，以便进京穿得体面些，并给当朝的礼部侍郎、翰林学士欧阳修和枢密使韩琦分别写了推荐信。

1056 年，苏洵带着两个儿子赴京城参加考试。到京师后，他在第一时间拜见欧阳修，献上自己写的《洪范论》和《史论》，并推荐自己和自己的两个儿子。在文坛大腕面前推荐自己的文章还是需要有很大勇气的，而对苏洵来讲，不但要推销自己，更要推荐儿子，那做起来就更困难了，不过苏洵做得很好。

1057年，欧阳修担任当年科举考试的主考官，其中四场考试中第二场论《刑赏忠厚之至论》，苏东坡脱颖而出。最先在众多考卷中发现苏东坡文章过人之处的，是欧阳修一生的知己、阅卷官梅尧臣。欧阳修读了此文也大加赞赏，因为它一改时文艰涩难懂的萎靡之风，以平实通畅的文笔评论时政。欧阳修对苏轼的评语是："此人可谓善读书，善用书，他日文章必独步天下。"

殊不知，在此之前，苏洵已托老朋友吴照邻（时任四川犍为县令）将自己精选的22篇文章送给其好友欧阳修。欧阳修看后觉得耳目一新，与自己倡导的古文运动不谋而合，遂当晚秉烛挑灯，给仁宗皇帝写了一封《荐布衣苏洵状》。由此，欧阳修对眉山三苏已有深刻的印象。

所有这一切，都是苏洵事先为孩子做好的铺垫，为儿子在文坛崛起创造了最好的平台。

步骤2：家长与孩子共同讨论下面的问题

1. 苏洵为孩子搭建平台对当今的家长有什么启示?

2. 家长可以怎样参考苏洵的育子经验，陪伴好孩子成长?

关键陪伴阅读游戏五

亲子沟通

步骤 1：家长与孩子共同阅读下面的故事

韩愈筑梦孩子长大当翔龙

韩愈的大儿子名叫阿符，小时候贪玩不好学，整日在田间跑。韩愈望着儿子心发愁，自己在儿子的年龄那么好学，怎么儿子一点都没继承。这打也打了，骂也骂了，可就是不见有起色。直到有一天，韩愈为儿子写了一首劝诫诗：

两家各生子，提孩巧相如。少长聚嬉戏，不殊同队鱼。年至十二三，头角稍相疏。二十渐乖张，清沟映污渠。三十骨骼成，乃一龙一猪。飞黄腾踏去，不能顾蟾蜍。一为马前卒，鞭背生虫蛆。一为公与相，潭潭府中居。问之何因尔，学与不学欤……

意思是：两户好邻居，一同生男娃，小脸一个样，打小一起玩，就像一对鱼，形影不分离。长到十二三，开始有差别；长到二十多，差别更突显，一个似清沟，一个似污渠；长到三十多，差别比天地，一人成翔龙，一人成拱猪。差距缘何来，只因一件事，一人特好学，一人不爱学……

从此，阿符鸡鸣就开始学习，并且一学到天黑，因为阿符心中燃了一把火，就是长大后要龙飞天空，翱翔四海。而这一切，都源于老爹韩愈给他筑了梦，当翔龙不当拱猪！爷俩共享梦飞，一起追逐登天的感觉。

阿符的全名叫韩昶，28 岁中进士，后来做到了政府高级公务员——检校礼部户部郎中。韩愈带娃，用心栽培，成果丰硕，是个绝世好爹！

步骤 2：家长与孩子共同讨论下面的问题

1. 韩愈与儿子沟通对当今的家长有什么启示？

2. 韩愈是怎样给儿子的人生筑梦的？

3. 家长可以怎样参考韩愈的育子经验，陪伴好孩子成长？

关键陪伴阅读游戏六

陪伴孩子『七不责』

步骤 1：家长与孩子共同阅读下面的内容

古人育儿讲究的“七不责”

古训为人父母者，有七不责：

对众不责

家长不要在外人面前数落自家孩子，这会很伤孩子的自尊心，也无益于提升沟通效果。

愧悔不责

家长不要在孩子已经知错的时候，还喋喋不休地责备孩子，而要尽力加以安抚。

暮夜不责

家长不要在孩子已经或就要睡觉时，还责备孩子。这不仅会让孩子睡不着，还会引发孩子做噩梦。

饮食不责

家长不要在饭桌上责备孩子，否则会导致孩子食欲尽失，脾胃虚弱。

欢庆不责

家长不要在孩子开心的时候责备他，比如在孩子过生日、小朋友聚会、逢年过节的时候批评孩子，会令孩子极度扫兴。

悲忧不责

家长不要在孩子伤心难过的时候责备孩子。这对孩子的沮丧心情无疑是雪上加霜。

疾病不责

家长不要在孩子生病的时候责备他。此时孩子需要的是呵护，而不是斥责。

步骤 2：家长与孩子共同讨论下面的问题

1. 古人育子“七不责”对当今的家长有什么启示?

2. “七不责”中哪一条是家长最该做的?

3. 家长怎样根据“七不责”来陪伴好孩子成长?

关键陪伴阅读游戏七

我爱我爸妈

步骤 1：家长与孩子共同阅读下面的内容

苏洵有个开心老爹

在四川眉山老苏家也是一个显赫世家，世代书香。可苏洵早年无心向学，而是自嗨着游山玩水，享受着单身的快乐。就是娶了同城的程家淑女生了娃，也继续逍遥度日，潇洒走人生。有趣的是，苏洵的老爹苏序对儿子没有那么多的管教，反而一直在等待儿子自身觉悟。苏洵第一次上欧阳内翰书说：“洵少年不学，生二十五岁，始知读书，从士君子游。”

苏洵的两个儿子苏轼和苏辙，虽都是天才儿童，也有着超强的领悟力和记忆力，却在他的影响下非常顽皮，对学习不感兴趣。于是苏洵开悟：耽误我自己可以，耽误我儿子就不可以啦。苏洵一旦发愤读书，就启动了自己开挂的人生。

苏洵曾在晚年回忆说：“知我者，惟吾父与欧阳公也。”这是因为苏序对儿子一向有仁爱之心，对其游山玩水“纵而不问”，放任他去感悟人生，自我觉醒。而正是这几年的纵情山水，才让苏洵养成了豁达的人生观，为其日后的写作打下了坚实的基础。在这一点上，苏序堪称是一位智者、勇者、达者。他不仅了解自家儿子的才华，也非常信任他的自觉。在这一点上，虽然老大苏涣一早就考中进士，并步入仕途，但他远不如弟弟苏洵那样深刻地理解人生，更不如弟弟把孩子教育得好。

所以，等待孩子自己开悟是一个家长的智慧展现。

步骤 2：家长与孩子共同讨论下面的问题

1. 苏洵有个开心老爹对当今的家长有什么启示？

2. 苏洵的父亲是怎样等待儿子自己奋起直追的？

3. 家长可以怎样参考苏洵父子的育子经验，陪伴好孩子成长？

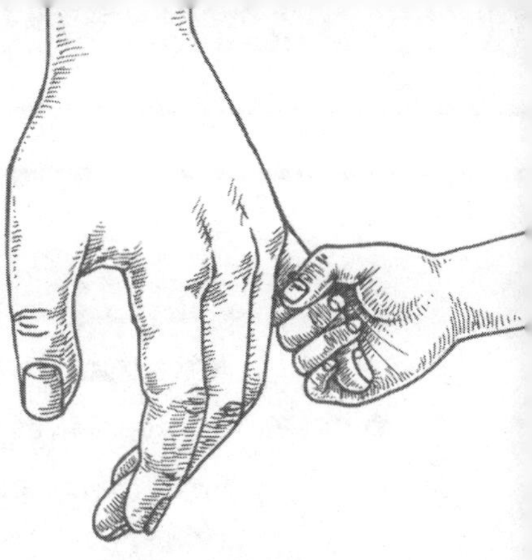

关键陪伴

哈佛博士岳晓东家教十八式

岳晓东◎著

北京联合出版公司
Beijing United Publishing Co.,Ltd

图书在版编目（CIP）数据

关键陪伴 / 岳晓东著 . — 北京 : 北京联合出版公司, 2023.8（2024.1 重印）

ISBN 978-7-5596-6954-4

Ⅰ . ①关… Ⅱ . ①岳… Ⅲ . ①家庭教育—教育心理学 Ⅳ . ① G780

中国国家版本馆 CIP 数据核字 (2023) 第 103110 号

北京市版权局著作权合同登记　图字: 01-2023-2553

关键陪伴

作　　者: 岳晓东
出 品 人: 赵红仕
选题策划: 北京时代光华图书有限公司
责任编辑: 刘　恒
特约编辑: 李燕子
封面设计: 零创意文化

北京联合出版公司出版
（北京市西城区德外大街 83 号楼 9 层　　100088）
北京时代光华图书有限公司发行
文畅阁印刷有限公司印刷　　新华书店经销
字数 203 千字　　787 毫米 × 1092 毫米　　1/16　　17.5 印张
2023 年 8 月第 1 版　　2024 年 1 月第 2 次印刷
ISBN　978-7-5596-6954-4
定价: 72.00 元

序言

培养孩子，关键在陪伴

一位母亲的灵魂拷问

一次，我给一对气冲冲的母子做咨询，坐定之后母亲让儿子开口说话，儿子就是不说话。见此，我就问他们谁愿意与我先单独聊聊，结果两个人都指着对方说，让她（他）先聊，因为她（他）的问题更多。两人推来推去，我决定先邀请母亲聊聊，让儿子在外边等着。儿子出门后，母亲欲语泪先流，平静下来后就开始大吐苦水，从小到大她在孩子身上砸了数不尽的钱，上兴趣班，上奥数班，出国游学，参加竞赛，上重点初中，现在面临中考，什么事情都给孩子打点得好好的，可孩子越来越不听话，越来越任性，只做自己想做的事情，全然不顾即将来临的中考……母亲一口气说了五六分钟。我一直听着，不住点头共情她的付出和无奈。末了，我问她：“今天来找我咨询，想解决什么问题？”

“今天找你咨询，就是想让你给孩子说道说道，我这么为他付出，他怎么就这么不配合，不感恩，每天惹我生气？！”母亲斩钉截铁地说。

“这个——”我迟疑了一会儿回答道，“我想先找孩子聊聊再说。”

不承想，母亲竟又开口接着说：“岳老师，其实我看了许多家教的书，也用了许多招数，刚开始还可以，但很快就不管用了。”

“那你举个例子？”我好奇地问。

“什么对孩子态度和蔼，语气坚定，我做到了；什么多用‘我’开头的语句，少用‘你’开头的语句，我做到了；什么要认可孩子的情绪，避免正面冲突，我也做到了……”母亲一口气说了七八条，气愤未消。

“噢——”我深深地叹了一口气，接着问，“那你觉得是什么原因使这些招数不起作用了？”

“这个——”母亲迟疑了一下说，“我想是我没有变换新的招数，总是在用旧的招数，孩子知道怎么对付我，所以就不管用了。”

“书中的理念都是有道理的，为什么会不起作用了？”我反问母亲。

“是啊，我也困惑啊，书上说的都有道理，为什么孩子就是不听，难道是我没执行好？”母亲回答说。

“那我想问你，你对孩子的整体感觉是什么？”我再问。

“整体感觉就是急，恨铁不成钢，每天都想看着孩子好好学习，成绩上升，可孩子每天都非常磨叽，心思总是不能全部放在学习上，真让人操心。还有，我说了多少遍，让他多与表哥聊聊，表哥会领着他上‘人大’的，可孩子就是不听，还拒绝去我哥哥家……”母亲一口气又说了四五分钟。

我默默地听着，末了说了一句："我知道你的问题出在哪里了，出在陪伴上。关键不在给孩子硬性的教育与包办，关键在给孩子优质陪伴。"

关键陪伴的理念

培养孩子成长成才时，缺的是令孩子能够接受的陪伴。

现在有的家长平时也不缺给孩子的陪伴，缺的是给孩子关键时刻的陪伴，或者说关键时刻的引领。

现在不少孩子吃喝拉撒、衣食住行全部由家长打点，而且是全方位包办，可以说是被圈养长大的，这不仅令孩子感到窒息，也令孩子严重缺乏自主力的培训。

家长们乐于比拼对孩子的关注和投入，却没有认真与孩子讨论一下，有哪些关注和投入是孩子需要的，有哪些关注和投入是孩子不需要的。就像来做咨询的那位母亲一样，她在全心全意地爱孩子，成就孩子，却感到深深的挫败和无奈，因为她不明白，孩子怎么就不能像她的大侄子那样出色。

也有许许多多的家长，一直给孩子讲述别人家孩子的成功故事，希望以此激励自家孩子的成长，殊不知孩子常对此表现出漠然和鄙视，令家长更加抓狂。

这一切，都是因为家长没有给孩子提供关键的陪伴。这意味着：

管教孩子严格而不严厉。

关爱孩子宽容而不纵容。

培养孩子自信而不自恋。

规劝孩子明确而不啰唆。

在孩子需要的时候，为孩子提供最有效的帮助。

在孩子的成长路上，给孩子创造最有利的条件。

家长与孩子之间，要有一定的空间。家长要给孩子一定的自主权，不要令他感到窒息、压迫。尊重孩子、方法灵活的优质陪伴，会让孩子在与家长相处时，永远有期待或是喜悦。家长不妨回想一下：孩子什么时候与你相处最喜悦？是在上幼儿园之前。因为那时候的孩子最听话，家长也最可亲。可孩子 3 岁之后开始上幼儿园，进入群体社会，必须学会合作与竞争；进入纪律环境，要学会自律和抗挫。而家长感觉陪伴很吃力的时候，也恰恰是孩子成长的时候。

来做咨询的那位母亲之所以有强烈的挫败感，是因为她在陪伴孩子的过程中出现了以下误操作：

缺乏对孩子兴趣爱好的重视，整天逼着孩子做家长想让他做的事，而不是鼓励孩子做他自己想做的事情。

缺乏给孩子的未来筑梦，让孩子错误地感觉学习是为了讨父母开心，而不是为了自己的未来奋斗。

缺乏培养孩子主动求助的意识，想不到为孩子的有利发展搭建平台，创造机会，寻找贵人相助。

缺乏对孩子自身优点的淘宝和挖掘，眼里看到的都是孩子身上的缺点；天天开孩子的“批斗会”，绝少开孩子的表扬会。

缺乏对孩子人生中里程碑事件的梳理，没有看到孩子生活中种种抗挫事件的价值，不懂得找出那些照耀孩子一生的里程碑事件，并以此激励孩子成长。

缺乏与孩子的有效沟通，常常为图一时之快，泄一刻之愤而采取压迫式、胁迫式的沟通模式，令孩子无所适从。

缺乏对唠叨孩子的自我觉察，常常以数落孩子来排解自身的烦恼和焦虑，到头来对解决孩子的问题于事无补，甚至适得其反。

缺乏对孩子的有效鼓励，不懂得夸奖孩子聪明与夸奖孩子努力之间的区别，不了解细节肯定的重要性。

总之，家长要明白一个道理，就是孩子的健康成长需要有利、有效的关键陪伴，而这，正是本书的要旨所在。

“关键陪伴”丛书写了什么

我撰写“关键陪伴”丛书，是为了助力大家成为开心家长和智慧家长。

首先，我想提醒家长，孩子的健康成长是一个漫长的历程，绝非一两个绝招能搞定的。所以家长一定要走出一招鲜的误区，不要指望说了什么话，孩子就听话了，做了什么事，孩子就懂事了。其实，孩子的行为改变与健康成长是一项系统工程，也是一项充满希望的工程。据此，我在本书中特意强调了家教理念的系统性，全面、系统地探讨适合中国人的家教方式。

其次，我想强调对孩子的发展要本着因材施教的原则，根据孩子的自身习性和智能倾向来规划孩子的未来。

最后，我在书中特意强调了家教理念的科学性，以大量的科研成果来验证适合中国人的家教方式。此外，我特意加入了许多操作注意事项，以供大家借鉴、思考。

“关键陪伴”丛书具有理论性、系统性、操作性和经实践验证的有效性。为凸显以上特点，我将这套丛书分为理论篇、个人成长篇和案例篇。

在理论篇——《关键陪伴》中，我系统地介绍了我这些年不断研究、思考、实践的家教经验，并在文章中加入了“岳博士家教小贴士”“岳博士智慧家长小贴士”“岳博士成长经历分享”“岳博士咨询经验分享”“岳博士育儿经验分享”，以增加书籍的趣味性、指导性和可操作性。

在此，我由衷地感谢北京时代光华图书有限公司出版本套丛书，特别感谢文钊董事长和陈宇总编辑对本书予以的肯定和关照，没有他们的全力支持，本套丛书不会如此顺利、快速地出版。

在此，我还特别感谢本套丛书的策划编辑海棠女士，深深感谢你围绕这套书所付出的心血和精力。我们就此套丛书的写作讨论逾两年，见面二十余次，我从未见过像海棠女士这样全心全意扑在工作上的编辑，深表敬意！

是为序。

目录

第三讲　给孩子适度的养育

第四讲　给孩子巧妙地筑梦

第五讲　给孩子梳理里程碑事件

第六讲 给孩子寻找生命中的贵人

第七讲 理解孩子的反叛心理

第十一讲　理解孩子的厌学情绪

第十二讲　理解家长的爱莫能助

第十三讲　培养孩子的应考能力

第十四讲　培养孩子的创新能力

第十五讲　培养孩子的压弹能力

第一讲
给孩子优质的陪伴

习近平总书记指出，“办好教育事业，家庭、学校、政府、社会都有责任”。党的十九届五中全会强调，要“健全学校家庭社会协同育人机制”。教育作为一项系统工程，不仅需要发展学校教育，更需要注重家庭教育、社会教育的协同发展，这就要求树立新时代家庭教育观。

陪伴，成为当下的一个时尚语。父母给孩子的陪伴，更成为时下社会发展的刚需，由此出现了“散养”与“圈养”两个流行词。

20 世纪 50 年代至 80 年代出生的孩子堪称散养长大的孩子，散养也就是人们常说的“放羊”。散养时代，父母管得粗，管得猛。孩子每天自己上下学，自己做作业，有问题自己解决。如果开家长会，老师说了孩子的问题，家里多是一顿痛斥甚至一顿暴打，然后就完了。而且当时也没什么兴趣班、补习班，孩子们放学后玩够了，再回家吃饭。所以在散养时代，孩子虽然学得少，但是活得挺开心的。

而 1990 年后，随着社会经济的发展以及家庭收入的增长，父母开始更多地关注孩子，家庭教育也开始进入圈养时代。圈养意味着就这么大的地方，父母看得死死的。圈养时代，父母管得细，管得精，却越管越焦虑。父母有钱了，给孩子报各种兴趣班、补习班，搞得孩子活得很累。父母信誓旦旦地说：“想当年我们哪有你条件这么好，家里给你买钢琴，让你出国见世面，你还不感恩？”可孩子说：“我不感恩，瞧你们当年玩多学少，我现在哪有时间玩？！”所以圈养的时代反而更难养娃。

远去的天使

为什么孩子在 3 岁前那么可爱，3 岁之后就越来越不可爱了？这几乎是所有父母对自己发出的灵魂拷问。简单说来，3 岁前的孩子是天使，每天都可以给父母带来喜悦。可孩子上了幼儿园之后，就不断面临人际交往、社会竞争、社会比较、团体活动的社会化挑战，而孩子的种种不适应会令父母乃至整个家庭陷入无尽的争执和烦恼之中，也让父母日益失去对孩子的关爱和耐心。特别是孩子上了小学之后，面对日益升级的学习负担，孩子可能会越来越无所适从，父母的耐心也越来越少，导致亲子冲突越来越激烈，孩子也就慢慢由天使变成了“狗屎”。

在这一过程中，父母有一个错觉，就是孩子陪得越多，就会越有出息。但事实上，陪得多未必陪得好。换言之，有质量的陪伴才是关键。此外，对孩子的过度陪伴，很容易导致父母管控太多、过密，期望每件事都为孩子打理好，却全然不顾孩子的感受。这就成了直升机式父母[①]，由毫不吝啬地关爱孩子变成毫无界限地掌控孩子，表面上付出了很多，但效果并不明显。父母与孩子由“相看两不厌”变成两看即生厌！

---

① 直升机式父母的概念最早是由朱莉·利思科特 – 海姆斯（Julie Lythcott–Haims）提出的，泛指父母管控孩子就像直升飞机一样，随时盘旋在子女头上，一旦发现问题就俯冲下来。

陪伴的优与劣

父母陪伴孩子讲究质量，不是陪得多就一定陪得好，而且对孩子来讲，陪得不好还不如不陪。在此我提出两个核心概念——优质陪伴和劣质陪伴。父母的陪伴一不留心就成了劣质陪伴，结果是以爱孩子的名义残害孩子。那我们该怎样定义优质陪伴和劣质陪伴？

首先说说优质陪伴。优质陪伴就是做到：

理解孩子讲心思。

尊重孩子讲策略。

批评孩子讲时机。

敦促孩子讲努力。

勉励孩子讲自信。

也就是说父母与孩子之间永远要有一定的空间，或者父母给孩子一定的自主权，不要令孩子感到很窒息，很压迫。这样孩子与父母相处，才会有一种期待，或是一种喜悦。

劣质陪伴的特点是什么？

理解孩子不充分。

管教孩子不沟通。

批评孩子不分点。

责骂孩子不能等。

表扬孩子不多言。

比如说，在孩子感觉不开心时，父母至少要给他话语权。孩子说不想上学，可能只是吐吐槽，父母连吐槽的话语权都不给孩子，这不是把孩子逼急了吗？这就是在创造一个所谓的“问题原生家庭”。关于优质陪伴和劣质陪伴，我们还可以根据图 1–1、表 1–1 进行区分。横轴代表时间性（时少到时多），纵轴代表有效性（无效到有效）。

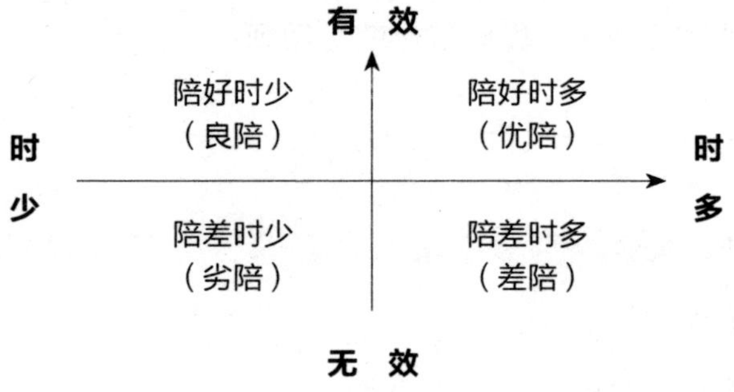

图 1–1　亲子陪伴图

优陪家长

这类家长会全心全意地陪伴孩子，时刻把孩子挂在心头，对孩子严格但不严厉，宽容但不纵容，陪孩子没有功利性，教孩子没有严厉性，使孩子享受与父母在一起的时刻。在中国历史上，苏洵就是个典型的优陪家长，他给两个儿子的关怀程度值得世人学习。

良陪家长

这类家长陪伴孩子虽不过度严厉，也不粗暴，却没有付出足够的时间和精力，令孩子对家长既不亲近也不讨厌。在中国历史上，李白是个典型的良陪家长，他对儿子从不打骂，却绝少用心陪伴。儿子对父亲的感情也很平淡，因为父亲整年在外漂泊，不是跑官，就是游玩，只有晚年才有机会团聚，可那时候已错过了栽培孩子的最佳时机。

差陪家长

这类家长陪伴孩子时沟通不足，花的心思也不够，什么事情都指望孩子自己去解决，令孩子对家长的感觉十分平淡、麻木。在中国历史上，陶渊明也许是一个差陪家长，他虽然每天陪着孩子成长，但由于种种原因，如心思不够、关注不足等，可能陪得无奈、无益。

劣陪家长

这类家长陪伴孩子过于主观强势，令孩子无所适从，也感到十分窒息，对家长毫无亲切感。比如《红楼梦》里的贾政，贾宝玉与他极不亲近，一听到他召唤，就好像听到了焦雷一样浑身发抖，他暴打孩子的结果就是贾宝玉更加反叛，亲子关系彻底崩裂。

表 1-1　亲子陪伴差异表

类型	特点	表现	结果
陪差时少 （劣陪）	管得太紧 沟通不畅	心思不端 随时责骂	陪得无效 陪如不陪
陪差时多 （差陪）	管得随便 沟通不足	心思不够 关注不足	陪得无奈 陪得无益

（续表）

类型	特点	表现	结果
陪好时少 （良陪）	管得自然 沟通尚可	心思有余 时间不足	陪得有效 陪得有益
陪好时多 （优陪）	管得怡然 沟通畅达	心思充足 时间充足	陪得精彩 陪得喜悦

总之，陪伴孩子共同成长既是家长的职责，也是家庭的乐趣。家长要学会巧妙把握，拿捏到位，让孩子享受陪伴带来的乐趣，而不是陷入其中的苦恼。表 1–2 中展示了一些家长陪伴孩子的常见活动，给家长们做个参考。

表 1–2　家长陪伴孩子的活动内容

活动类型	活动内容
陪孩子玩游戏	陪孩子玩看图识字、乐高、拼图，搭积木，拆装车辆、飞机、轮船等
陪孩子读书	陪孩子看名著，分享感受，并背诵其中的重要片段等
陪孩子运动	陪孩子跑步，爬山，打篮球、排球、乒乓球、羽毛球，踢足球，做健身运动等
陪孩子看影视作品	陪孩子看孩子喜欢的儿童视频资料、动画片、电影片等
陪孩子聊天	陪孩子交流家里、幼儿园、学校发生的事情，分享并梳理其中的喜怒哀乐等
陪孩子学习	陪孩子思考学校的学习难题，摸索其中的规律和窍门等
陪孩子游玩	陪孩子玩孩子喜欢的游戏，去孩子喜欢去的场所和旅游景点等

新冠肺炎（2022 年 12 月 26 日更名为新型冠状病毒感染）疫情期间，学校停课和家长居家办公的概率增加，按理说，这是亲子关系改善的大

好机会，因为平时根本就没有机会让大家如此密集地朝夕相处。可疫情期间却发生了不少青少年自我伤害的恶性事件，起因大多是孩子无法接受父母的强势沟通，却又无处可藏，所以才走向极端。

所以，培养孩子成长成才，关键在陪伴。孩子需要有益的陪伴，也就是优质陪伴，而不是有害的陪伴。马克思曾说过：“为了孩子，我的举动必须非常温和而慎重。”让我们记住革命导师的这句话。

岳博士智慧家长小贴士

家长育儿的五个“大于”

- 家长关注孩子成长大于关注孩子成绩。
- 家长肯定孩子努力大于肯定孩子聪明。
- 家长鼓励孩子自省大于批评孩子。
- 家长勉励孩子改错大于指责孩子犯错。
- 家长激发孩子梦想大于强加孩子理想。

◎ 岳博士成长经历分享

感谢父亲当初给我的优质陪伴

小时候，父亲对我最大的帮助是在我需要他的时候，他可以放下手头的事情来全力帮助我。

记得上小学五年级的时候，我一度学不好珠算，就去请教父亲。父亲也好多年没有摸算盘了，不能完全回答我的问题。但他第二天就去书店买了一本珠算的小学教材回来自己研读，然后跟我一起打算盘，结果我的珠算成绩很快就追上去了。这件事使我懂得：学习中遇到问题，除了可以请教老师外，还可以请教父亲。

在此之前，我一直以为，父亲是大学老师，教不了小学生。这次的珠算辅导经历使我懂得，他不仅可以教大学生，也可以教小学生。所以学习中有了问题，我应该首先去找他求助。后来我更加懂得，父亲当初之所以能教得了我，首先是因为他愿意花时间教我。不然，他可以随便找个借口，让我去求助他人或自己想办法解决。

上初中的时候，有一段时间我迷上了乒乓球，每天都想着打球，还梦想加入校队打比赛。父亲得知后，不仅没有嘲笑我想法幼稚，反而鼓励我去大胆追求我的梦想。为此，他为我买了最好的球拍，还帮我联系场地操练。不仅如此，他还到学校图书馆借阅有关中国乒乓球群英的图书，其中介绍了庄则栋、李富荣、张燮林、容国团等人的故事，让我看得如痴如醉。父亲也看了，并与我交流庄则栋之稳、准、狠的球风，同时启发我学习也好，考试也好，都要追求同样的处事方法。用时下的话来讲，这叫共同追星。虽然后来我没有成为专业球员，但父亲当初对我的鼓励，给了我极大的精神力量。

上高中的时候，我需要学习矿石收音机的原理，但学起来十分吃力。父亲得知后，决定对我进行实践教育。他专门从商店买来了铝板、矿石、铜丝、电阻、喇叭等物，指导我按照说明书制作出一台矿石收音机，这台收音机居然能接收到电波发声。这次无线电发烧友的经历大大强化了我的学习自信，也令老师和同学对我刮目相看。

第二讲

给孩子关键的引领

有的家长对孩子的所有陪伴，都集中在学习方面。小学、初中、高中，给孩子报各种兴趣班，天天接送，陪着上课。平时，作文陪着写，练习陪着做，最后家长和孩子一块儿抓狂。

从1946年起，英国的科学家们跟踪调查了7万多个孩子的成长经历，努力寻找是什么家庭和社会因素导致其中有的孩子长大后健康、幸福，朝气蓬勃，而有的孩子长大后却贫穷、自卑，苦苦挣扎。2016年，在此研究进行了70年之际，英国作家海伦·皮尔森（Helen Pearson）著写了《人生项目》（*The Life Project*），总结出了7个原因，其中最重要的一个原因是好的父母会对孩子打破原生家庭的魔咒发挥很大作用。

研究表明，那些拥有责任心、关心自己孩子的父母会让孩子对未来充满期望，雄心勃勃，并更有可能从贫困的生活中挣脱出来。例如，科学家调查了17,000个出生在1970年的小孩，试图找出是什么因素让出身贫苦的小孩在学校表现出色。换句话说，是什么因素让他们打破命运的魔咒？答案就在父母对孩子的关心程度上。就是说，父母用心给孩子做的小事情可能对孩子的成长产生潜移默化的影响，例如倾听孩子说话，回应孩子的诉求，亲自教孩子字母和数字，带孩子去旅行，给孩子朗读故事，等等。

其实，目前很多家长都已经做到了这些，可为什么效果就是不明显呢？这主要是因为方法不得当。

当爹娘好辛苦

在当今社会，做父母不容易，可谓烧钱又烧脑，到头来还有可能收获挫败感。

比如，有的家长对孩子的所有陪伴，都集中在学习方面。小学、初中、高中，给孩子报各种兴趣班，天天接送，陪着上课。平时，作文陪着写，练习陪着做，最后家长和孩子一块儿抓狂。

因为孩子不给力，家长就会喋喋不休地说个没完，这就成了啰唆狂。我给啰唆下了一个定义：净说正确的废话。每句话都对，但加在一起就错了。

很多妈妈在职场里风风火火、果断干练，为什么面对孩子就变得啰唆呢？这是因为，孩子不听说不休，孩子不理跟到底，孩子不动带他动，孩子不急大人急。最后变得不是冤家不聚头，话就说个没完没了了。

从心理机制方面来讲，你在孩子面前啰唆个没完，孩子为了不让你继续啰唆才去做作业。那一刻是什么驱动孩子去行动？不是正向的鼓励、肯定，而是为了避免啰唆。孩子缺乏学习的内在驱力，时间长了，很容易厌学。

更可悲的是，啰唆的人往往不在乎对方听什么，只在乎自己说什么。久而久之，妈妈看着孩子就烦，不骂孩子就不爽。而且越说越多，越说越兴奋，喋喋不休，只是为了一吐为快。我为妈妈们写了一首打油诗：

在家带娃好辛苦，好说歹说口水吐。
越骂孩子越生气，骂完之后事无补。

这样的劣质陪伴，让孩子可爱的脸变得越来越可恶，让妈妈熟悉的脸变得越来越陌生。所以，孩子越来越不听话，并且暗暗在心里发誓：等到长大那一天，一定要远走他乡求解放。特别是考上大学后，一定让你管不到！让妈妈最伤心的事，莫过于不被孩子需要。

当妈不容易，当爹也辛苦。在此，我写了一首小诗：

养家糊口好辛苦，挣钱上交妻做主。
教育孩子老婆忙，不要烦我心口堵。

爸爸们经常挂在嘴边的话是："教育孩子是妈妈的事，甭烦我。"其实，教育孩子要父母各司其职。有母职教育，就有父职教育。现在，讲母职教育太多，讲父职教育太少。所以，我们尤其要提高爸爸们的觉悟，让他们多陪伴孩子。

有的爸爸知道陪伴重要，但是因为缺少自我觉察，只能看到孩子的错，看不到自身的问题。原本爸爸说什么，孩子都会听，后来就不听了。长大后，孩子还会和爸爸清算旧账，把自己的失败归咎于原生家庭。那时孩子其实想要告诉爸爸一件事：你才是最大的问题。对于父母来说，孩子记仇不记恩，那真是极大的伤害。

心思在哪里，时间就在哪里

有的爸爸总说自己在外挣钱忙，没时间陪孩子，其实这都是借口。因为心思在哪里，时间就在哪里。爸爸只要把孩子放在心上，就一定能找出时间来陪孩子。而有的爸爸即使朝九晚五，也是出工不出力，休闲时间不少，也只是自己打游戏，玩自己感兴趣的，没有用心用力在孩子身上。

从家庭层面来讲，好好栽培孩子才是你家的世纪工程。如果孩子没教育好，哪怕你赚再多的钱，做再高的官，你也不会觉得幸福。

所以，我劝爸爸们多把心思放在孩子身上，不要老是给自己没时间陪孩子找原因，将其合理化。教育孩子，贵在用心。用心的家教，一定是优质陪伴。孩子也会终生感谢你的，因为你没有制造一个“问题原生家庭”的孩子。

美国家庭教育专家斯蒂芬·波尔特博士（Stephan B. Poulter）在其著写的《爸爸的力量》（*The Father Factor*）一书中提出，家庭的最大悲剧就是父亲做了一个“启动式父亲”（default father），俗话说就是生孩子不养孩子，把带孩子的事一股脑推给母亲。他认为，父亲应该是孩子的慈爱导师（compassionate mentor），也应集情商与智慧于一身，为孩子的健康成长提供安全的港湾和学习的榜样。这包括：

与孩子共同思考，鼓励孩子表达不同的意见。

与孩子共同成长，鼓励孩子发现父母的不足。

与孩子共同活动，鼓励孩子规划活动的内容。

与孩子共同学习，鼓励孩子传授流行的技能。

波尔特博士的结论是，做个好父亲是一份全职工作。

父母要给孩子关键的引领

怎样避免制造一个让孩子痛苦的原生家庭？怎样让孩子记恩不记仇？这需要父母在陪伴孩子成长的过程中，不要给孩子太多的责骂而令孩子心生怨恨，不要对孩子太啰嗦而令孩子否认其中的道理。说到底，父母陪孩子，不是时间越长越好，陪伴的质量更重要。对孩子来讲，父母陪得不好还不如不陪，以免用爱的名义来施加伤害。

所以，我倡导父母要给孩子关键的引领。这意味着：

管教孩子严格而不严厉。
关爱孩子宽容而不纵容。
培养孩子自信而不自恋。
规劝孩子明确而不啰嗦。
在孩子需要的时候，为孩子提供最需要的帮助。
在孩子成长的路上，给孩子创造最有利的条件。

尊重孩子、方法灵活的关键引领，会让孩子与父母相处时，永远有一种期待或是喜悦。孩子 3 岁之后开始上幼儿园，进入群体社会与纪律环境，必须学会合作与竞争、自律与抗挫。此时是父母感觉陪伴很吃力的开始，也恰恰是孩子成长的开始。

《颜氏家训》[①]曾言："父母威严而有慈，则子女畏慎而生孝矣。"它的意思是：父母威严中有慈爱，子女才会畏惧谨慎而生孝心。就是说好孩子是经过严格而慈祥的方法教出来的，而不是靠溺爱的方法教出来的。中国人民教育家陶行知曾言："我们对于儿童有两种极端的心理，都于儿童有害。一是忽视，二是期望太切。忽视则任其像茅草样自生自灭，期望太切不免揠苗助长，反而促其夭折。"我以此话送给各位家长。

岳博士智慧家长小贴士

我经常提醒儿女的 10 句话

- 人生赛道大于赛事，赛道没选好，一切赛事全作废。
- 人生赛事连场，输了这一场，还有下一场。
- 人生有各种截止日期（deadline），一早要牢记。
- 人生不怕犯错，就怕犯同样的错。
- 人生不怕走弯路，就怕不承认是弯路。
- 学会主动求助，会让你在人生岔路口获得贵人的指点。
- 学会与不喜欢的人打交道，是人生的基本功。
- 学会做不擅长的事情，是职场的基本要求。
- 学会理解他人，是为了赢得别人对你的理解。

① 《颜氏家训》是颜之推所著，他是南北朝时著名的文学家、教育家。

- 学会管理好自己的情绪，是为了赢得更多的朋友。

◎ 岳博士咨询经验分享

我帮助小丽妈妈引领孩子

小丽是一个乖巧的孩子，小的时候学习成绩十分优异，可上了初中之后成绩就开始一路下滑，差点没有考上高中。而上了高中之后，虽然每天都在学习，成绩却始终没有好转，以至于她出现了严重的厌学情绪，时常找理由请假，不想再上学。

小丽的妈妈带着她找到了我，妈妈在我面前滔滔不绝说个没完，小丽却绝少插嘴。见此，我请妈妈先出去一会儿，以便我与小丽单独聊一聊。

妈妈一出门，小丽就开始流泪，说她不是不努力，而是听不懂。而妈妈从来不看她的努力付出，只看她的考试成绩，每每看到成绩不理想，就破口大骂，说她给父母丢脸了，不懂得珍惜，搞得她每天担惊受怕，茶饭无心。我立刻就明白了，小丽妈妈把孩子的付出和成绩等同起来了，认为努力付出就必须拿到好成绩，否则就等于没有付出。而事实上，付出只表明动机端正，却不能保障成效突出。拿结果的好坏来评断付出的程度，这是对个人努力最大的不尊重。

由此，我请小丽妈妈回来，先让小丽在一张纸上写下她各科的平均成绩，然后让母女二人各自写下对各科课程的学习难度和用功程度的评分（100分为满分），并加以对比。结果发现，小丽对每科课程的学习难度和用功程度都打了100分；妈妈对许多课程的用功程度都打了80分，个别科目还打了60分（如数学、英语），而对学习难度，妈妈一律打了80分。

然后我让她们谈感受，妈妈还是怪孩子上课不用功，经常在家里干不该干的事情（如玩手机、煲电话粥等），而小丽则申辩说自己早已全力以赴了，用手机也是查阅、了解学习有关的事情，说着说着竟号啕大哭起来，妈妈也流下了泪水，拥抱了孩子。

在此，我特别向小丽妈妈介绍了我的“学习成绩三线评估法”。家长在评估孩子成效时，不能只看成绩，也要看孩子承受的压力和付出的努力，并作综合评估。例如，如果家长看到孩子数学考试得了80分，就会感到很沮丧，主观认为孩子不努力。可经与孩子沟通，发现孩子考分虽不够高，但确实学得很辛苦，也是全力以赴复习的，只是因为临场发挥不理想，因此不能再责怪孩子了。由此，计算分数时应该把孩子的压力分和努力分都加进去。计算公式如下：

$$[80(\text{成绩分})+100(\text{压力分})+100(\text{努力分})]\div 3\approx 93.3$$

学习成绩三线评估法会令孩子由衷地感谢父母，并坚持自己的努力。因为孩子会懂得，只要自己努力了，无论最终结果如何，父母都会为自己的真心努力打高分。这就好比体育老师在给长跑后的学生打分时，使用的公式是：（成绩＋心率增幅）÷2，这个算法更能说明在本次跑步中学生身体得到的锻炼程度。

介绍完方法后，我让母女二人共同寻找、诉说平时用心学习的表现，而不要在乎最后的结果是什么。小丽说出了妈妈平时完全忽略的一些事实，包括在手机上找答案、找同学请教、睡觉都梦到在解题、听不懂课被同学嘲笑等。小丽一再说，自己不是不用心，而是真的理解慢，解题慢，思考慢，许多题都似懂非懂的，每天都在接受自卑训练……

我问小丽妈妈："孩子说的这一切令你想起了什么？"她想了想说："这让我想起了我刚上班时，做事常常不得要领，出了差错被领导批，很难受。直到有一天我大声问领导，能不能看看我有多努力，而不要总是盯着我犯了多少错。从那以后，领导的态度开始转变了。"

"那眼下呢？"我问小丽妈妈。

"我也一定看孩子的努力付出有多少，不再只盯着她的成绩了。"

咨询就这样结束了，小丽没有再来找我。后来在街头巧遇小丽妈妈，我问孩子的近况，她说现在家庭气氛好多了，因为她不再拿孩子的成绩不理想来指责孩子不努力了。

第三讲 给孩子适度的养育

小刚是我朋友的儿子，正在上小学五年级，综合能力在同龄儿童中属于中等偏上水平。只要正常努力，学习成绩可以在班内名列前茅。为了追求卓越，小刚妈妈给他报了奥数班，尽管他并不喜欢奥数。相反，小刚喜欢看看望远镜、踢踢足球。可这都被小刚妈妈否定了，因为她认为它们全都不利于提升学习成绩，特别是数学成绩。重压之下，小刚越来越颓废，越来越压抑，直到有一天出现了幻觉……

现代家教的三大误区

现代社会，每个家长都想给孩子创造最佳的教育机会。可是，家长若不能按照孩子的智力、精力和体力条件来安排孩子的学习任务及其难度，就势必会拔苗助长，适得其反，让孩子从小就惧怕学习，并逐渐形成习得性无助[①]。现代家教的三大误区如下。

让孩子崩溃的爱

孩子本来学得挺好，可父母非让他上一个自认为十分重要的才艺班、补习班或转入某个重点学校。结果孩子一进去就感觉进了自卑训练营，本来还挺自信的，因为学习跟不上而日益自卑，变得越来越习得性无助，乃至最终崩溃。

① 习得性无助（learned helplessness）是指个体经历某种挫折后，因无法改变现状或结果而彻底放弃努力的一种心理状态。在此当中，人们会把失败的原因归结为自身不可控制的因素。比如，认为学习成绩差是因为自己脑子笨或家境差等。

用毕生的精力培养孩子的反叛

父母对孩子不断地指责和批评，不把孩子说服就不罢休，搞得孩子备感无助。到头来，孩子只能变得越来越反叛或沉默，这正应了鲁迅说的“不在沉默中爆发，就在沉默中灭亡”。我曾给一个家长做过咨询，她说自己孩子多么不好，一口气说了10多分钟。我耐心听她讲，末了问她：“你在家也是这么说话吗？”她说是啊，我说难怪你家孩子会越来越反叛，因为她无法忍受你的啰唆。其实啰唆就是自嗨。说完了你倒是平复了，可是孩子什么时候才能平复啊？！

所以，我常说：啰唆是自嗨，一嗨又一嗨，说话收不住，孩子扛不住。

只看孩子的缺点，不看优点

家长盯着孩子的缺点不放，“批斗会”从早开到晚，而孩子的优点，比如学习勤奋、善解人意、愿做家务等都被忽略了。总之，在某些家长心目中，成绩好就是好孩子，成绩差就是坏孩子。我曾让一个家长记录自己从早到晚因孩子生气多少次，她后来告诉我有30多次。我又让这个家长记录从早到晚因孩子开心有多少次，她告诉我只有10多次。我说你每天看着孩子不顺眼，动不动就开“批斗会”，孩子能开心吗？因为这一切都传达一个信息：孩子，妈妈讨厌你大于喜欢你。

对此，真是有打油诗为证：孩子优点看不见，孩子缺点数不完，相看生厌无绝期，爹娘无语心茫然。

凡此种种，都是对孩子要求过严，表面是在敦促孩子，实际上是在摧毁孩子。

孩子的优点看着看着就看没了

每个孩子都有自己的优点和缺点，但很多家长与孩子的互动，其目的只聚焦在纠偏、查找问题上面。这样家长就会越来越介意孩子在学习上的缺点，如粗心、不专注、不主动、做事拖拉等。久而久之，家长还会对孩子的优点，如善良、谦虚、有爱心、善解人意等越来越忽视。

由于家长过度关注孩子的问题面，而解决问题的方法又过于机械刻板，渐渐地就出现了“孩子的优点越看越少，缺点越看越多”的现象。换言之，这就是孩子的优点隐性化和缺点显性化。如果家长陷入这样一个恶性循环，就会令亲子关系越来越恶劣，导致一系列家庭冲突出现。

父母情感冷漠综合征

孩子优点隐性化与缺点显性化的终极表现，就是父母情感冷漠综合征（Parental Coldness Syndrome，PCS）的出现。它泛指父母在养育儿女当中，过分关注孩子的任务执行，时常忽略甚至全然不顾孩子的内心感受，因而给孩子带来极大的挫败感。其突出表现有：

极度功利：不断强迫孩子完成任务，令孩子苦不堪言。
极度焦虑：不断情绪波动，令孩子无所适从。
不断威胁：不断胁迫孩子，令孩子怨恨不已。
骂声不断：不断斥责孩子，令孩子隐忍成性。

严重偏心：不断赞美他人，令孩子备感冷落。

俗话说，一个焦虑的母亲加上一个粗暴的父亲，必然会造就一个有问题的孩子。父母情感冷漠综合征的出现，就是父母看孩子满是缺点，毫无优点，最后孩子不是在沉默中爆发，就是在沉默中灭亡。

亲子关系再活力化

印度诗人泰戈尔在《世界上最远的距离》中写道："世界上最远的距离，不是生与死的距离；而是我站在你面前，你不知道我爱你。"这道出了所有想修复亲子关系的家长的心声。

我倡导家长们要做到亲子关系再活力化（Parent-Child Relational Revitalization, PCRR），它泛指父母要有意识地摆脱父母情感冷漠综合征的影响，学会放下身段与孩子平等对话，并给孩子话语权和自主权，让孩子在被尊重和理解的氛围中学会自立自强，彻底改善亲子关系。其具体操作事项有：

关系平等化

关系平等化是指从家长对子女的权威关系过渡到平等关系，学会与孩子平等对话，让孩子感到被尊重、被理解、被呵护。

权力对等化

权力对等化是指从家长对子女的绝对权力过渡到相对权力，让孩子也有说话管用的时候，支持孩子对家庭大政有话语权、参与权甚至决策权。

责任自主化

责任自主化是指从家长对子女绝对负责过渡到相对负责，让孩子从小就学会对自己的行为负责，为此付出必要的努力，并争取必要的资源。

不要给孩子过度的养育

陪孩子要讲优质家教，而不是劣质家教。这当中家长尤其不要给孩子过度养育[①]，到头来揠苗助长。过度养育是父母由过分热切的愿望驱动，希望通过直接干预孩子的生活和决策，来消除孩子成长过程中可能出现的任何障碍。其结果往往导致事与愿违，使孩子始而无所适从，继而敷衍了事，终而激烈反叛。

过度养育，会对孩子的心灵造成以下危害：

严重挫伤孩子的学习动力，使孩子感到学习越来越没有目标。
严重挫败孩子的学习能力，使孩子对学习越来越感到无所适从。
严重挫伤孩子的学习活力，使孩子感到学习越来越没有意义。

由此，充满智慧的家教应该给孩子以足够的尊重、共情和成功体验，

① 过度养育（overparenting），也被称为直升机式教养，指父母在儿童成长过程中所采取的不适当的发展策略。

并按照孩子自身的智力和能力条件，与孩子共同规划未来的发展。如果家长不能做到这一点，势必会因为孩子的表现不尽如人意而每天批评孩子，使得孩子每天都在不愉快中度过，久而久之必将在孩子的记忆中形成一个个肿块，导致沟通不畅，心情不爽。而随着岁月的流逝，这些记忆肿块会变成一个个脓包，不断冒脓水，让孩子无比难受。

孩子当初被骂隐而不发，全是因为自己个头小，力量不足，只能变作受气包。此正所谓：儿时仰望爹娘苦，整天挨骂气鼓鼓，待到十三个头蹿，你吼我吼齐声吼。

这些孩子长大后要么是个窝囊废，要么是个火药桶。那些听见别人说一句不好听的话就被引爆的人，其愤怒表面上看是同事或朋友引发的，实则是其父母引发的。换句话说，对方的那句话、那个眼神、那个动作，让他想起了其父母当初指责他的样子。在心理学上，这种现象叫移情①，而我们每天都生活在移情的体验当中。

中外的一系列研究表明，过度养育会导致孩子出现焦虑、抑郁②、自恋，自我效能感下降，以及幸福感和生活满意度降低等问题，使孩子对父母的教育充满了怨恨和抵触。

---

① 在心理学上，移情指一个人把自己对生命中某个重要他人的爱与恨转移到另外一个人身上的现象。

② 在生活里，抑郁是一种很常见的情感成分。人们遇到精神压力、生活挫折、生老病死等情况，自然会产生情绪变化，尤其是抑郁情绪。抑郁症（depression）是以连续且长期的心情低落为主的精神障碍。它突出表现为：心情低落、自卑、消极、悲观、厌世，感觉活着的每一天都是在自我折磨，甚至有自残和自杀的臆想和行为等。有抑郁情绪并不一定是抑郁症，但抑郁症一定有抑郁情绪。

家长爱孩子的五字诀

怎样爱孩子才是真的爱，在这里我倡导关爱孩子的五字诀：爱、商、因、理、解。其具体描述如下：

“爱”字就是对孩子多表现爱护、爱陪、爱理、爱聊等。孩子无论出了什么事，家长都要与孩子共同面对与思考。

“商”字就是凡事多与孩子商谈、商议、商量、商定。也就是对孩子尽早实施平等对话，民主协商。这样孩子就能学会理性对话，从而不会走极端，遇到不顺心的事情不会满地打滚。

“因”字就是对孩子的发展要因人而异，因材施教，因势利导。让孩子去做他愿意做也善于做的事情。送孩子上兴趣班，是培养孩子的自信还是自卑，这要首先弄明白。

“理”字就是对孩子多讲理解、理会、理智。也就是说家长先理解孩子。孩子说不想上学了，大多是觉得上学累，想吐吐槽而已，家长要理解。当家长真正能理解孩子的时候，孩子就愿意配合，因为理解是相互的。

“解”字就是在与孩子相处时，多做解释、了解、和解。家长不能老端着架子，要学会放下身段跟孩子平等对话，有效沟通。

家长要为孩子的健康成长做好后勤，这好比敲边鼓，打掩护，吹唢呐，但不能当指挥。只有这样，家长才能与孩子牵手，与孩子共享理想，帮助孩子腾飞，即与孩子共享梦飞。

此正所谓：厌学盼回头，读书争上游，爱商因理解，孩子心自由。

总之，家长要把孩子内驱力调动起来，让孩子知道是为谁而学，为何而学。家长千万不能急功近利，病急乱投医。就像患者都希望药到病除，却忘了猛药副作用大。孩子学习要发自内心，而不是被逼无奈。其实，真正有用的是让孩子自己动起来。

◎ 岳博士咨询经验分享

我怎样帮助小刚妈妈纠正错误

小刚妈妈错就错在以爱孩子的名义摧残孩子。

小刚平时是一个非常听话、乖巧的孩子，但是，有时候会忍不住提出自己的看法。可小刚妈妈一而再、再而三地忽视和拒绝，孩子早晚会爆发出来。

小刚妈妈的父亲是个酒鬼，母亲是个保姆，帮不了她什么，她从小到大都靠自己打拼，最后，勉强考上了一所三本大学，所以想把自己从小缺失的东西通过小刚来弥补。为此她不断给小刚灌输成绩好长大才有出息、凡事只能靠自己的理念。其实小刚根本不需要这样，就像小刚奶奶说的：我们这样的家庭根本没有必要对孩子这么苛刻。

一次，我受邀到小刚他们家，看到小刚红着眼睛，就悄悄地问他什么原因，他说：“我妈每天都逼我学习，从来不管我开不开心，愿不愿意。好像看到我闲一小会儿就不开心，总想让我多背几个单词，多写一张卷子。从早到晚都是这样。”我与小刚爸爸是小学同学，就旁敲侧击说了几句，结果惹得小刚妈妈不高兴，嫌我多管闲事。

过了一年，小刚爸爸突然给我打电话，说孩子出现了妄想性精神障碍[①]，令我唏嘘不已。更可怕的是，在小刚妈妈不断的逼迫下，小刚每次大考之前都会发烧。在一次考试中还出现了幻觉，当场撕了试卷后静静地走出考场。

小刚的病不是突然发生的，而是有一个逐渐恶化的过程。小刚面对妈妈的压力，一直处于忍耐和压抑的状态，随着压力事件的增多，他开始出现紧张的时候一直抠手指的现象，再到后来一遇到考试就发烧生病，最终导致出现幻觉，在考场行为失控。

那么，小刚妈妈应该做什么？

小刚妈妈在教子方面无疑是失败的，她首先需要做的就是放弃对孩子的压迫，随孩子的心愿去发展自己。但是，这是远远不够的，小刚妈妈还需要做下面的事情，才能让儿子更好地发展自己：

一是鼓励孩子继续对观察事物保持兴趣，并抽空带他去参观各地的自然博物馆，报名参加相关的活动。这样可以把小刚的兴趣点“做大做强”，变兴趣为志趣，让他从小就确定自己未来的学业发展方向，每天都活在心潮澎湃的梦想追逐当中。这个过程叫作筑梦。

① 妄想性精神障碍（delusional psychosis），通常无清晰而持久的幻听、被控制妄想或情感迟钝，或器质性脑病的证据。偶尔可短暂地存在幻听，如果不占主导地位，仍然可诊断为本障碍。

二是鼓励孩子继续踢足球，这样可以令孩子强身健体，劳逸结合。小刚之所以出现妄想性精神障碍，不仅是因为他长期压抑，无法排解内心的烦恼，而且他长期缺乏运动，导致学习起来很容易疲乏犯困，注意力不集中。踢足球可以很好地缓解他的疲惫状态。这个过程叫作健康玩乐。

三是鼓励孩子多交朋友，而不要每天闷在家里死读书，否则虽然成绩上去了，但朋友都没了。所以小刚需要结交朋友，更需要多与父母同欢乐。这个过程叫作优质陪伴。

四是克制自己不断唠叨、啰唆的习惯，做到说事不啰唆，批评不唠叨，对孩子的不满尽量做到看破不点破，点破不啰唆。这个过程叫作“去啰唆训练”。

这些理念在后文都有详尽的阐述。

第四讲

给孩子巧妙地筑梦

丽丽今年上初一，从小就喜欢唱歌和主持，接受过兴趣班的培训，并在地方电视台主持过节目，也曾受邀担任一档儿童节目的嘉宾。但丽丽妈妈为了追求孩子英语成绩的卓越，拒绝了电视台的邀请，还给丽丽报名参加了英语补习班，可丽丽上课经常发呆，感觉听不懂。这使得妈妈更加焦虑，对孩子的打压更甚，令丽丽越来越压抑，挫败感越来越强烈，直到有一天出现了躁狂症状，离家出走……

内驱力发自内心

拥有内驱力，是每个家长对孩子的最大期待。

美国心理学家克拉克・赫尔（Clark Hull）提出了内驱力说。他强调当个人的需要得不到满足时，就会产生内驱力的刺激，驱动个人去追求需要的满足。也就是说，内驱力一定要源自一个人的内心呼唤，而不能靠外界的灌输和强加。

而依照金盛华教授的自我价值定向理论，一个人在外在环境压力相对稳定的情况下，态度对于行为的影响作用表现在行为的方式上，而不在行为的指向上。亦即尽管表面上行为与态度不一致，但实际上行为仍然受到态度的影响。也就是说，自我价值感越高的人，自我行动力就会越强。在这当中，态度并不是决定行为的唯一要素，生活经验也起着重要的作用。换言之，内驱力能产生作用，生活中的有利经验或成功经验也会发挥重要的助长作用。

没有兴趣的内驱力不可能持久

对于家长而言，最大的安慰莫过于孩子自律、专注，做事主动，并坚持不懈。由此，市面上各类专注力培训班应运而生，各类视频网站上也有这方面内容的讲述。而家长们忽略了一个重要的事实：孩子不是没有内驱力，而是对自己不感兴趣的事情缺乏内驱力。举个最简单的例子，孩子在玩游戏、看电视时都会表现出超强的专注力，除非孩子具有某种与生俱来的障碍，如阅读障碍、自闭症、多动症、智障等。

由此，家长指望孩子通过参加某种培训班来提升专注力，虽会有一定的成效，但必不会长久，因为它缺乏与个人兴趣、爱好的衔接。也就是说，唯有充分调动孩子的主观能动性，点燃孩子心中的一把火，让他从小就为梦想而战，心甘情愿地去吃苦耐劳，才是家长应追求的子女成长目标。为孩子筑梦是对每个家长的考验。

许多家长在育儿上走极端，不顾孩子的实际情况，强迫孩子上那些在自己看来十分重要的课程，却没有事先与孩子沟通好，结果让孩子学得十分辛苦。在这当中，家长也常把孩子当成撒气筒，对孩子的学习表现只看出色，不看出力，只看成绩，不看成长，到头来使孩子的精神状态濒临崩溃。如果家长能够鼓励孩子去做那些符合孩子兴趣的事情，孩子就会表现出极大的热情。而唯有这样才能让孩子充分调动内驱力，并不断在此基础上寻求成功体验，创造自己人生中的辉煌。

父母要培养孩子的自主性

儿童自主性，就是指孩子在日常生活中有自己的思考、判断、自我行动，不完全依赖他人，也不受他人干扰和支配。儿童自主性是自律、自信、上进心、独创性、责任感的体现。从儿童心理学的角度来讲，儿童自主性是每个孩子从小就应该培养的心理品质。它与孩子的基因、家庭背景没有直接关系，更多靠后天的训练养成。只要父母用心培养，定会让孩子逐渐成为独立、自信、遇事有主见的人。

心理学的研究表明，自主性包括以下核心内容：

自我依靠（self–reliance）：孩子能够独立完成力所能及的事，如起床、穿衣、大小便、听课、做作业、参加考试等。

自我约束（self–discipline）：孩子能够敦促自己完成预定的任务，并克制、约束或延迟满足想自我放纵的欲望。

自我主张（self–determination）：孩子对自己的生活安排有主见，并知道怎样去表达或争取那些属于自己的权益。

总之，有自主性的孩子会更乐观、坚定、果敢、阳光。革命导师马克思曾言：“生活就像海洋，只有意志坚强的人，才能到达彼岸。”我以此言送给各位家长。

筑梦是个技术活

所谓筑梦，就是家长根据孩子的兴趣和能力，与孩子一起，为其不断成长发展做最有利的规划。在这当中，目标不宜过高也不宜过低，目标过高会使孩子轻易受挫，从而失去进取的信心；目标过低则会使孩子动力不足，降低收益。对此，我有一个筑梦投资盈利理论，要点如下：

筑梦是一个不断投资盈利的过程，需要兴趣的成本投入（如时间、精力、兴趣、爱好等）和意志的成本投入（如志向、决心、毅力、自律、抗挫等）。

筑梦成功需要孩子志趣匹配的最优化，也就是孩子追逐的梦想是最适合孩子兴趣和能力的事情。由此，筑梦就好比经济投资，是在追求因精准投资而带来的利润最大化，即将孩子的优势发挥得淋漓尽致。

筑梦成功也需要家长对孩子的志趣投入不断追加和调整，以赢得筑梦的最大效益回报。

总之，筑梦的目的是唤醒孩子的内驱力，激发孩子的行为动机，让孩子明白学习是为了实现自己的梦想，而不是取悦父母、老师。

岳博士智慧家长小贴士

筑梦决策的 SMART 实施法

筑梦可以激发孩子的内驱力，但模糊不清或不切实际的目标设定会给孩子带来挫败感，使孩子对目标望而生畏。下面介绍目标设定的 SMART 原则：

Specific：梦想达到的目标应该是清晰明确的。

Measurable：梦想达到的目标应该是可以衡量的。

Attainable：梦想达到的目标应该是可以达成的。

Relevant：梦想达到的目标应该与其他目标具有一定的相关性。

Time-bound：梦想达到的目标应该有明确的时间期限。

最后，smart 的中文意思是“聪明”。管理学上讲，做对的事（do the right thing）是不够的，还要把事做对（do it right）。每个家长都期待为孩子“聪明地”筑梦。

罗森塔尔小白鼠走迷宫实验

提起罗森塔尔，大家或许知道他的期待效应研究[①]。其实在此之前，罗森塔尔还曾拿小白鼠做了一个有趣的实验，其意义同等重要。

罗森塔尔将三组小白鼠分别编号为 1 号组、2 号组、3 号组，并交给三组不同的训练人员。对于 1 号组小白鼠的训练人员，他告知：“这些小白鼠都是经过专业人士挑选的，血统高贵，要好好训练。”对于 2 号组小白鼠的训练人员，他告知：“这些小白鼠比较普通，智力水平一般，常规训练即可。”对于 3 号组小白鼠的训练人员，他告知：“这些小白鼠，智力有问题，训练方法可根据你们的态度来决定。”

三组训练人员按照指令训练小白鼠走迷宫。一段时间后，罗森塔尔对它们进行了走迷宫测试，结果显示：1 号组小白鼠的训练效果最好，迷宫闯关时间超出预期；2 号组小白鼠的训练效果一般，只有一半走出了迷宫，时间还比预期长；3 号组小白鼠只有两只走出了迷宫，而且花了很长

① 罗森塔尔效应，亦称“期待效应”，指的是教师对学生的殷切希望能极大地提升学生的学习表现和成绩。

时间。最后，罗森塔尔告诉三组训练人员，小白鼠的划分是随意的。实验充分证明，训练人员对小白鼠的期待决定了其训练的成效。

后来，罗森塔尔与雅各布森又在一群孩子中开展这一实验，得到了同样的结果，并以“皮格马利翁效应”加以命名，也称罗森塔尔效应。它说明，当我们认为孩子优秀时，我们就会以更积极的眼光来看待孩子学习中的成败得失，也会更持久地期盼孩子取得预期的成果。

小白鼠被加持了是如此，孩子被加持了更是如此。

◎ 岳博士成长经历分享

筑梦是我家的传家把式

心揣梦想才能使人走向远方，筑梦是我们家的教育传统，这要从我爷爷说起。

爷爷的教育梦

我的祖家在山西省文水县城南的岳村，家人世代务农。族人的遗憾就是没有出过一个大文化人。爷爷出生于1911年，年幼时就立志做个读书人，为此8岁开始读私塾，15岁考入太原阳兴中学。值得一提的是，阳兴中学的前身是太原府中学堂，它又源自太原府崇修书院（清同治四年，即1865年创立）。而当年书院的山长，正是“戊戌六君子”之一的杨深秀。

爷爷20岁考入山西大学商科，21岁因需养家而辍学入职中国农民银行做会计。没能读完大学一直是爷爷的心病，他时常跟儿女们说："我这辈子是读不成大学，希望你们将来能读成，这可是咱们岳村的百年梦想。"爷爷生逢乱世，先是军阀混战，后来是抗日战争。1938年日寇进攻山西，爷爷随着中国农民银行从太原撤至运城办公，再撤至兰州，最后落脚到重庆合川。一路颠簸，千辛万苦，直至1945年抗战胜利才回到太原。解放太原时，爷爷又随着中国农民银行迁至北京。

虽然国难当头，但爷爷一直对孩子们的教育抓得很紧。用时下的话来讲，那就是"穷什么不能穷教育，苦什么不能苦孩子"。他不断地告诉我的父辈们："我这一生没有太大本事，唯一的本事就是给你们一个温饱的环境，供你们完成学业。"

爷爷奶奶育有八个孩子（我父亲行二），在他的不断感召下，八个孩子都上了大学，其中三个考上北京大学（包括我父亲），一个考上天津大学，一个考上北京师范大学，一个去了苏联留学，还有两个孩子虽因"文革"耽误，但后来也都完成了大学学历教育。每每谈及子女的教育，爷爷总是一脸喜悦。用他的话来讲，"我一生最大的成就，就是供养了八个孩子上大学"。

父亲的教育梦

父亲出生在1933年，生于乱世，长于颠簸流离。他先是在家里随奶奶读文识字，1939 年随奶奶赴重庆投奔爷爷，一家人团圆之后，爷爷马上启动了他的教育大计，让父亲入读了重庆合川的国立第二中学。它诞生于国破之即，筚路蓝缕，弦歌不绝，虽办学只有短短八年，却出了汤定元、杨立铭、陶诗言、张效祥、吴良镛、黄宏嘉、徐皆苏、盛金章、尹文英、戴元本、王元等院士。父亲能与他们同窗，堪称乱世中的幸事。

1945 年，父亲随爷爷奶奶回到太原，1946 年入太原进山中学读高中。1948 年再随爷爷奶奶迁入北京，先在汇文中学读高中，后来转入河北省立北平高级中学就读，并亲历了中华人民共和国开国大典。

1950 年父亲高中毕业，参加高考，被清华大学生物系录取，1952 年院校调整，父亲转入北京大学生物系。父亲常开玩笑说："我当年是进的清华的门，出的北大的门，这两个学校的校庆我都可以参加。"回首往事，父亲总是感谢爷爷当年给他筑的教育梦，他也成了岳家第一个上清华北大的人。

我的教育梦

我 1959 年出生在北京，1964 年随父母赴内蒙古呼和浩特支边，1967 年上小学。一天，父亲给我讲了爷爷当初激励他上大学的故事，并强调说："自己的梦想自己追逐，父母只能协助，不能主导。"

上了高中后，我开始认真思考这个问题。我首先想的是，我要上大学。可是，在“文革”时期，中学生们毕业后都需要先下乡务农或在单位就业，才有机会被推荐上大学。而我虽住在大学院里，却觉得大学远在天边，遥不可及。这是我当年最大的悲哀。

一年春节，我去了北京，和爷爷谈起我的想法，爷爷听了深深地叹了一口气说：“不要那么灰心，国家不可能这么长久下去的，总是需要人才的。想当年，我望着孩子们，心想能有一两个上大学我就心满意足了，结果个个都上了，还有三个上了北大。不要放弃努力，这是最重要的。”是啊，在那个兵荒马乱的岁月，爷爷揣着一个教育梦，让子女们个个都上了大学。看着我若有所思的样子，爷爷又说了一句令我铭记终生的话：“不怕你做不到，就怕你想不到；不怕你想不到，就怕你忘掉了。”

爷爷的话很快应验了，1977 年 12 月中旬，我参加了“文革”后恢复高考的第一次考试，并成为内蒙古自治区应届高中生英语分数最高的考生，有幸被北京第二外国语学院英语系录取。1981 年，哈佛大学第一次来中国招生，我有幸被学校选拔去参加笔试，结果没有通过。这让我沮丧了好久，一天与爷爷谈及此事，爷爷也是长叹了一口气说：“没通过就是没通过，以后再找机会吧。也许还有机会的，关键是不能放弃梦想。”听了爷爷的话，我马上笑了，接着说：“不怕你做不到，就怕你想不到；不怕你想不到，就怕你忘掉了。”这回爷爷也跟着笑了。

爷爷的话又应验了，1986年，我在美国塔夫茨大学攻读硕士学位时，再次申请读哈佛大学，结果被哈佛大学教育研究生院录取。当我把这个喜讯告诉爷爷时，爷爷专门给我回了一封信祝贺我，末了还特别告诉我，毕业后一定要回来报效祖国。

第五讲

给孩子梳理里程碑事件

人的一生是由一连串里程碑事件组成的，有喜有悲，有欢有愁，但在孩提时代，孩子们都不懂得怎样梳理这些里程碑事件，总结其中的教训，发现其中的价值。作为家长，我们要帮助孩子从小学会梳理自己的里程碑事件，以使孩子变得越来越具有智慧，越来越成熟。否则孩子会反反复复犯同样的错误，认认真真走同样的弯路。

家长切忌用别人家孩子打压自家孩子

家教的一个误区就是拿别人家孩子打压自家孩子，挫自家孩子的锐气。例如，家长动不动就说孩子他表哥怎么好，他堂妹怎么给力，而自家的孩子不够好。这些话，孩子听了很郁闷，心想家长一天到晚都说别人好，那我算什么呢？想着想着，孩子就不愿见他的表哥、堂妹了，因为孩子不自觉地把他们当成了家长打压自己自信的帮凶，自然就与他们疏远了。

对此，我想用外捧内贬综合征（Praising Others over Selves Syndrome, POSS）来加以描述。它指父母在养育儿女的过程中，力图通过赞美别人家孩子来激励自家孩子，全然不顾自家孩子的内心感受，结果往往给自家孩子带来巨大的心灵伤害。其突出表现有：

赞美他人：不断赞美别人家孩子，令自家孩子苦不堪言。

贬损自己：不断贬损自家孩子，令孩子心酸不已。

强迫理解：不断要求孩子理解他人，令孩子备受委屈。

强迫钦佩：不断要求孩子钦佩他人，令孩子心生怨恨。

鉴于这一做法极有可能带来的一些问题，家长们切忌以赞美别人家孩子的优点、数落自己孩子缺点的方式来激励孩子，那样可能会使孩子对家长和别人家孩子一同产生怨恨，事与愿违。这就好比夫妻相处，如果一方总是诉说另一方不如别人做得好，必将引发激烈的反弹和怨恨。

梳理孩子的里程碑事件

激励孩子成长，我主张在孩子身上淘宝，在孩子的日常生活中竭力发现他的优点、特点和亮点。这就需要家长学会引导孩子梳理里程碑事件。

那什么是孩子的里程碑事件呢？简而言之就是孩子成长当中的一系列抗挫事件，比如学习落后之后的奋起直追、同学之间闹矛盾后的化解、失败后的坚持等。在这个过程中，孩子会表现出积极心理学所倡导的优势人格[①]的各种品质和特质（见表 5–1），家长要加以捕捉、梳理，并发扬光大。

由此，我倡导梳理孩子的里程碑事件，就是要在孩子身上找力量，

① 优势人格是积极心理学的一个术语，也是阳光心态、正能量的代名词。乐观、感恩、宽恕、坚韧、谦虚、正直，都是优势人格的具体表现。

以孩子人生中的抗挫事件来激励孩子，而不是通过讲述别人的成功故事来激励孩子。其实，无论是抗挫事件，还是生活琐事，梳理这些里程碑事件的意义就在于发现孩子在这些事件中所呈现的阳光心态、正能量，以此来激励孩子，引发积极的行动。

所以，梳理孩子里程碑事件旨在增强孩子的主动性、责任心和自主性。家长在孩子身上找亮点，就是要把孩子打造成英雄。为加以示范，我专门著写了《优势品格》这本书，它记述了我自己人生中的36段过往经历，并逐一做了事件梳理和心理分析，大家可加以参考。

表5-1　积极心理学倡导的优势品质与特质

分类	优势品质与特质
智慧类	创造性、好奇心、批判性思维、好学、洞察力
勇气类	勇敢、毅力、诚实、热情
仁爱类	爱与被爱的能力、善良、社交智慧
公正类	忠诚、公平、领导力
节制类	宽恕、谦虚、谨慎、自制
卓越类	对美的欣赏、感恩、乐观、幽默、灵性

孩子每天都在接受抗挫训练

在当今社会，孩子几乎每天都在接受抗挫训练。家长要善于捕捉契机，帮助孩子在抗挫经历中不断总结经验，不断自我成长（见表5-2）。

表 5-2　里程碑事件梳理一览表

事件类型	情绪反应	心理意义	成长价值
学习欠佳、考试失利、被人伤害	愤怒、无助、无奈、气馁	乐观、豁达、坚持不懈	培养自强
厌学、游戏成瘾、自我放纵	无助、即时开心、忍耐不得	自我克制、自我突破	培养自律
追求梦想、争取目标实现	焦虑、彷徨、气馁、孤独	乐观、坚定、执着、变通	培养自主
亲子冲突、同学吵架、师生误会	愤怒、妒忌、误解、委屈	宽恕、感恩、共情、果敢	培养自省
打架斗殴、小偷小摸	解气、无奈、即时开心	自我觉察、自我克制	培养自律
获奖、得表扬	开心、喜悦	自我激励	培养自洽

如表 5-2 所示，学习欠佳、考试失利、被人伤害、厌学、游戏成瘾、自我放纵、追求梦想、同学吵架、师生误会、打架斗殴、小偷小摸、获奖、得表扬等，都可以说是孩子生活中的里程碑事件，对其情绪反应、心理意义、成长价值，都需要加以主动、有效的梳理，这也有利于孩子的情商开发。无论其情绪反应是愤怒、无助、无奈、气馁、委屈，还是喜悦、解气，都应该加以认真梳理，以发现孩子在这一刻所表现出的乐观、宽恕、自我觉察、自我克制等，这些品质都值得进一步强化，照耀孩子一生。

在这当中，家长要不断地开慧眼、长慧根，学会随时随刻淘宝，发现孩子身上的闪光点，帮助孩子顺利走过自己人生的沟沟坎坎，最终成为抗挫高手。换言之，梳理孩子成长过程中的里程碑事件，就是要在孩子的经历中寻找正能量的表现。美国著名文学家爱默生曾言："逆境有一种科学价值，一个好的学者是不会放过这一大好学习机会的。"我以此话送给各位家长。

梳理里程碑事件的目的：在孩子身上淘宝

家长要学会在孩子身上淘宝。原来看的都是孩子的种种缺点，觉得他身上一无是处，现在换个角度看问题，尽力发现他在抗挫过程中表现出的正能量，由此他就不再是负担，而是宝藏了。

由此，我由衷钦佩那些学习不好却坚持上学的孩子。他们在学校感觉就是在严冬——同学不待见，老师不理会，每天感到在受虐，可还是坚持到学校去受虐，还每天乐呵着，这不就是阳光心态、正能量吗？从这个层面来讲，家长梳理孩子的里程碑事件，就是在培训孩子的抗挫能力，也是在培训孩子乐观豁达的精神。

读《优势品格》，看我的故事是次要的，寻找你家孩子的类似故事才是首要的。这当中有一个反光镜效应，就是在看我的故事时，家长可以反思自家孩子的成长经历，并做同样的梳理。比如书中的"输赢玻璃球""那天我战胜了自己""那一架我打得很惨""自学英语""发动群众""荣辱之间""找啊，找啊，找朋友"等故事（见表5–3），都很容易引发家长的共鸣。

表 5-3 《优势品格》部分章节的事件梳理

具体事件	事件性质	心理意义	成长价值
输赢玻璃球	抗挫耐压	坚韧、自立	乐观向前
那天我战胜了自己	抗拒诱惑	自律、毅力	自我激励
那一架我打得很惨	自我保护	勇气、果敢	勇敢面对
自学英语	自我奋斗	自我定向	目标设定
发动群众	领导力	组织、沟通	主动安排
荣辱之间	师生冲突	宽恕、感恩	自我接纳
找啊，找啊，找朋友	同学冲突	共情、换位思维	情商训练

这些事件都是成长过程中的里程碑事件，也都是我个人的情商培养、抗挫训练的经历。感谢我的父母，在我当年最需要帮助的时候给了我最及时的帮助。没有他们的引导，就没有我后来的成就和突破。这些都是父母当年给我提供的关键的优质陪伴。

梳理里程碑事件的重要性，还在于敦使家长不断发现孩子的优势人格，引导孩子在负性事件中寻找正能量的表现，在失败经验中寻找优势人格的体现。

如此，假如孩子本来觉得自己很悲惨，经过家长的重新解读，孩子会突然发现，自己的人生其实也很光辉；孩子本来不开心，经过家长的梳理，孩子变得开心了。

比如，孩子考试没考好，郁郁寡欢、闷闷不乐，家长帮助孩子总结经验，吸取教训，结果第二次考试考好了，改变了学习被动的局面，这可谓双倍的收获。一是在学习层面上，证明自己可以通过努力改变局面，化险为夷，强化自我效能感；二是在人格层面上，证明自己可以积极面对困境，不言放弃，乐观向前。这就梳理出一段照耀孩子一生的里程碑事件。

家长在孩子身上找力量，以孩子以往的成功经验加以激励，比起讲别人家孩子的成功故事来激励孩子，孩子更愿意听。因为孩子当初辉煌过，现在力求再创辉煌，孩子也更愿意配合。

《朱子家训》曾言："乖僻自是，悔误必多。"就是说一个人如果性格古怪、自以为是，他必将会因为常做错事而懊悔不已。英国作家萧伯纳也曾言："经验使我们恍然大悟地认识到，我们为什么常常不从经验中吸取教训。"由此，家长要帮助孩子走出自我挫败的恶性循环，变得富于自我批评，人生也就不会有那么多的悔恨。

叙事疗法与里程碑事件梳理

在心理咨询中，有一种疗法叫叙事疗法[1]，其主旨有两个：一是对问题或者事件进行重解，二是让当事人成为解决自我问题的专家。换句话说，当咨询师带着欣赏、理解的态度看待来访者遭遇的困境与烦恼时，他定会在来访者身上找到解决其问题的光点品德和亮点事件，令来访者幡然醒悟，看到自己比想象的坚强、坚毅。所以，叙事疗法咨询师的信

① 叙事心理治疗是澳大利亚的迈克尔·怀特（Michael White）及新西兰的戴维·爱普斯顿（David Epston）开创的。他们在20世纪80年代就提出了此理论，20世纪90年代，他们的书籍得以在北美出版发行，叙事心理治疗开始大为流行。他们在《故事、知识、权力：叙事治疗的力量》（*Narrative Means to Therapeutic Ends*）一书中系统阐述了他们有关叙事心理治疗的观点和方法。

念是：来访者都是自带资源的，咨询师要想方设法地加以挖掘和发扬光大。家长梳理孩子的里程碑事件正好符合这一信念，而家长学会梳理孩子的里程碑事件，一不留心就成了孩子的叙事治疗大师。

在具体操作上，家长要引导孩子对已经发生的事情和将要发生的事情做梳理，即进行复盘分析和推盘分析（见表5–4），让孩子从小就养成自我反省的良好习惯，不放过任何自我总结的机会，也不错过任何向他人学习的机会。

表5–4　生活事件的梳理

生活事件的复盘分析	生活事件的推盘分析
在过去事件中自己哪里有失误	在未来事件中自己需要准备什么
在过去事件中别人哪里有失误	在未来事件中别人需要准备什么
在过去事件中自己哪里做得对	在未来事件中自己可能的失误
在过去事件中别人哪里做得对	在未来事件中别人可能的失误
在过去事件中自己怎样做可以更好	在未来事件中自己可能会有什么教训
在过去事件中别人怎样做可以更好	在未来事件中别人可能会有什么教训
在过去事件中自己有什么经验	在未来事件中自己将有什么经验
在过去事件中自己有什么教训	在未来事件中自己有什么资源

《颜氏家训》曾言，“夜觉晓非，今悔昨失”，意思是“早晨有过失，晚上就要醒悟；昨天做错了事，今天就应悔改”。这说明，改正错误贵在省悟，贵在及时。由此，家长要培养孩子从小养成习惯，一日三省，随时随刻总结个人生活的经验教训。

炉边育儿法

我在哈佛大学教育研究生院的导师罗伯特·莱文（Robert A. Levine），育有一儿一女，其中儿子上了哈佛大学，女儿上了哥伦比亚大学。闲来他常与我分享他的育儿经，概括说来有以下几条：

永远不要直接告诉孩子错在哪里，而是让他自己去发现。

聪明的孩子会从其他孩子的错误中吸取教训，而愚蠢的孩子会不断重复自己的错误。

把别人当傻子的人才是最傻的人。

这三句话也成了我的育儿信念，经常用以自我提醒。

我的导师还倡导炉边育儿法，即在每天晚饭后，用一个小时的时间进行家庭交流。他通常会先让孩子各自汇报这一天发生的事情，特别是同学间、师生间发生的冲突，无论是事关自己还是事关他人。然后让孩子提出各自的看法，并分析怎么做才能够做得更好。他会鼓励孩子多说，自己只在最后做一个总结。这样的育儿方式，使得孩子在他面前说话从来没有负担，也充满了期待，因为孩子们都想表现自己的才智。

导师对我们也是一样的，会在学业安排上给我们充足的自由，鼓励我们多思考，以培养我们的自主意识和独立思考能力，这让每个学生都受益无穷。

岳博士智慧家长小贴士

培养孩子自主性的 6 个注意事项

- 建立界限感：不要对孩子的事情大包大揽。
- 接纳自己的不足：孩子越来越大，自己的能力则越来越小。
- 抓大放小，差异管理：分清主次，学会放手，只管大事。
- 与孩子共同成长：陪伴孩子一同成长。
- 给孩子成长的时间：要学会等待孩子成熟。
- 让孩子反哺家长：要向孩子学习，接受新鲜事物。

◎ 岳博士成长经历分享

学会在失宠中成长

在《优势品格》一书中，“荣辱之间”一篇讲的是我小学五年级的时候，地理老师喜欢我，数学老师不喜欢我。

地理老师喜欢我缘于一件小事。上课第一天，她问大家地球自转一圈，世界各地的日期会不会是一样的。同学们都回答说是一样的，唯有我回答说是不一样的（因为以前我家人给我讲过《十万个为什么》）。老师问我为什么不一样，我回答说这是由于在太平洋上有一条国际日期变更线。老师在肯定我回答正确的同时，也向全班学生讲解了其缘由。

从此，地理老师就对我另眼相看，平时见到我，脸上总是洋溢着春风般温暖的笑容。这大大增加了我对她所教地理课的兴趣，每次上课时我都会全神贯注，大脑处于高度兴奋状态，我的作业、考试成绩也一直在班里名列前茅。这便使我进入了一个良性循环，老师脸上的春风总是温暖着我的心田，而我课上的积极表现又强化了那春风的暖意。

数学老师不喜欢我也是因为一件小事。一次，班内举行一个数学小测验，老师走到我的桌前扫视了我的答卷，提醒我说："你有一个错误，要认真检查。"可惜，我怎么检查都没有查出那个错误。待我交卷时，老师迅速扫视了一眼我试卷中那个错误，皱着眉头说："你这个人太自负了，难道我提醒你有错你还不肯承认吗？"

就这样，我不仅答错了题，还得罪了数学老师，真可谓"祸不单行"。可我当时确实看不出错误，并非太自负。从此，每次上数学课，我都提心吊胆，生怕她叫我起来答题。因为我知道，就是我答对了，数学老师也不会说我什么好话，如果答错了，她会没完没了地挑我的错。更可悲的是，我从此对数学课产生了一种莫名其妙的畏惧，作业、考试成绩也不像以前那么出色了。这便进入了一个恶性循环，老师脸上的阴云总是笼罩着我，而我课上不尽如人意的表现又使那阴云挥之不去。

我就在这春风与阴云的交替中度过了那个学期。在阴云中我盼望着春风的到来，在春风中我担心着阴云的笼罩。

许多年来，我一直感谢那位地理老师，因为她给了我自信的体验；我也一直怨恨那位数学老师，因为她对我的态度不公。但随着岁月的流逝，我不再怨恨了。因为我懂得，一个人不可能永远生活在成功与颂扬当中，那样容易变得飘飘然，失去对自我的清醒认识。

因此，我感谢数学老师使我体验到什么叫失宠，我需要有这种体验来防止自己因得宠于某位老师而头脑发热，忘乎所以。更重要的是，当别人喜欢我时，我会珍惜别人对我的厚爱，而不会得意忘形；当别人不喜欢我时，我会竭力以实际行动证明自己的价值，而不会自暴自弃。

得宠与失宠，永远是相辅相成的。所以我经常告诉我的孩子："当别人喜欢你的时候，你要珍惜别人对你的厚爱而不要得意忘形；当别人不喜欢你的时候，你要尽力以实际行动证明自己而不要自暴自弃，这就是荣辱之间对每个人的情商训练。"

孔子曾说"六十耳顺"，就是说孔老夫子活到60岁的时候，无论别人说他好话还是歹话，他都能心平气和地接受。荣辱之间的经历，让我从小就学会了耳顺功，并且一路修炼到如今。

具体地说，处于荣辱之间的经历使我有如下收获：

学会了自我接纳，不因别人说我不好就自我放弃，而是自我关爱。

学会了自我反省，不因别人说我不好就自我辩护，而要自我醒悟。

学会了自我鼓励，不因别人说我不好就自我贬低，而是自我激励。

学会了自我总结，不因别人说我不好就自我回避，而是自我反思。

处于荣辱之间还使我懂得，这位老师不喜欢我，还有其他老师喜欢我，这堂课的老师使我感觉不好，也许下堂课的老师会使我感觉很好，或者下一年级的老师会使我感觉很好。

当年在哈佛大学，我就做过个人体验，分析自我成长经历的里程碑事件，才了解到这些旧事对我个人成长的意义。总结下来，人贵在得宠的时候要学会爱别人，失宠的时候要学会爱自己。绝对爱别人，那是绝对的自卑；绝对爱自己，那是绝对的自恋。唯有相对爱自己，并同时相对爱他人，才是人生应有的健康的人格状态，也是耳顺功所追求的最高境界。也就是乔布斯所说的“历程就是回报（The journey is the reward）”。

第六讲

给孩子寻找生命中的贵人

儿子从香港中文大学毕业，想申请国外的大学读研，问我该怎么办。我告诉他："我对你的学习科目一无所知，没有办法在专业方向上帮到你。但我可以找我的同事给你提供最专业的咨询，确保你的决策是精准的。"儿子说，要不他找个出国中介机构办理申请吧。我告诉儿子："中介机构只能帮助你准备材料，却不能为你提供你所学专业最精准的信息；这些需要你自己去了解，这本身就是一个成长历程，其最大的意义是让你学会怎样寻找生命中的贵人。"

家长的关系性无助

俗话说，清官难断家务事，就是说再公正的官员也很难判断家庭纠纷的是非曲直。这不是说一个人丧失了裁断是非的能力，而是他本人也是是非的一部分，所以丧失了裁决中的中立性和客观性。换言之，这种无能感是关系亲疏造成的，当事人多是有心无力，身不由己。这是一种关系性无能的表现。“不识庐山真面目，只缘身在此山中”说的就是这种现象。

反映在亲子关系上，这种关系性无能表现为孩子对家长说过的话置若罔闻、不屑一顾，就是因为他们是家长。在心理学上，这是亲子之间关系性无助（dysfunctioning of parental relationship）的突出表现。从家长的角度来看，通常有以下几点：

家长对孩子说过的话很容易被孩子忽略或忘却。

家长对孩子讲的道理很容易被孩子反驳或敌视。

家长对孩子交代的事情很容易被孩子怠慢或拖延。

同样的话语家长说了孩子不听，可换一个使孩子感觉亲切和认可的长辈或平辈人说，孩子却能心甘情愿地听进去。此所谓“外来的和尚好念经”，也就是说人们对于外人知之甚少，所以心存期待。英语中也有类似的谚语，“仆人眼里无英雄”[①]。其实在美学上讲，这就是审美疲劳效应，即当一个人每天观看一个美丽面孔，他也会渐渐地感觉平常的。

因此，关系性无助是亲子沟通的一大障碍，家长的想法就是再有理，也敌不过因为是孩子的父母而面临的逆反考验。

我倡导“易子教育”

我主张家长要拓展家教的额外资源。简单地说，孩子的成长，不仅要靠自己努力，也需要寻求贵人相助。而要觅得贵人相助，就得学会主动求助，开阔视野。

所谓“易子教育”，就是通过外人的帮助，来实现家教的目的。而承担好这一角色的人，可以是家长的亲朋好友，也可以是孩子的老师、学长，甚至是邻居的大哥哥、大姐姐等。无论是谁，都必须是孩子敬重的人，由他来指点孩子，就是“易子教育”。

为什么需要易子教育？就是因为亲子关系多有障碍。这就是关系决定了无能，家长与孩子的关系再亲，也有冲突的方面和时刻，不可能绝

① 这句话的英文原文是“There is no hero in a servant’s eye.”。

对避免。“易子教育”有三大益处：

距离产生美

孩子所敬重的人说的一句话，极其可能给孩子的成长带来深远的影响，起到家长起不到的作用。同样一句话，家长说不管用，别人说就管用。我举个例子，当老师最大的悲哀也许是耕了别人家的田，荒了自家的地。教别人家的孩子两个小时和颜悦色，教自家孩子 20 分钟书就飞了。这就是距离产生美。

尊重就是动力

当孩子尊重一个人的时候，他就会愿意配合。这是一种良性互动，也是一种巨大的能源开发。而孩子愿意听的这些话，可能是家长说了多少遍都听不进去的。

榜样的力量是无穷的

无论是家长看重的亲朋好友，还是孩子看重的师长同学，只要孩子敬重他，孩子就会加以学习和模仿，这会给孩子的成长提供方向和坐标。

总之，家长说得再好，也免不了啰唆。而孩子听多了，自然会生厌。孩子一天天长大，会不断地挣脱家长的掌控。所以，亲子关系再亲密，也免不了说教甚至打骂，孩子情绪肯定会受影响。说到底，孩子不认可家长的教育，却可能会很看重别人的某个指点，这就是“易子教育”的优势。

此外，我倡导“易子教育”，是想把孩子的兴趣变成志趣，给孩子的发展搭建平台。孩子爱学什么让他自己拿方案，然后去寻求指点、帮助，以便把孩子的兴趣点“做大做强”。同时，这也是给孩子筑梦，帮助孩子点燃内心的一把火。如果孩子学习就是为了实现自己的梦想，他就不会错过自己的机会，家长也不用干着急了。

贵人的种类

所谓贵人，就是指那些对孩子健康成长和生活问题解决提供明确、具体的引领、指点和帮助之人。贵人可分为不同的种类，例如：

生活上的贵人：在生活中给人以帮衬、分享、赏识、鼓励的亲朋好友。

学习上的贵人：在学习中给人以帮助、交流、指点、信任的老师、同学。

工作上的贵人：在工作中给人以提醒、保护、欣赏、重用的主管、同事。

生涯上的贵人：在生涯中给人以规划、思考、提醒、推荐的重要他人。

此外，贵人还可以按照给予帮助的类型分为：

问题解决上的贵人：在生活中给人以指导、提点的人。

情感安抚上的贵人：在情感中给人以温暖、抚慰的人。

人生规划上的贵人：在生涯中给人以帮助、提携的人。

当然，家长是孩子生命中最重要、最持久的贵人。但随着孩子的不断长大，他们需要从不同途径和渠道获得他人的引领和帮助。由此，家长要培养孩子主动求助的意识和能力，也要帮助孩子积累这方面的成功体验和经验。

学会主动求助，才是一个人最大的依靠。

在具体操作上，家长可开动脑筋，注意思考以下几点：

锁定目标，早做安排。确定你想请教的人，并为此努力创造机会。

深入思考，有备而来。不要贸然提问，而要把问题事先准备好。

开放提问，落实行动。多提开放式的问题，并不断落实行动。

心怀感恩，适当报答。要学会感恩，哪怕是一句话，也是真诚的表示。

岳博士智慧家长小贴士

培养孩子主动求助的5句话

- 不懂就问，不要自作聪明。
- 不会就查，不要自以为是。
- 我不懂你的专业，但我们可以寻求专业人士帮助。
- 自己的人生自己打理，每个岔口都需要呼唤贵人相助。
- 不是每个人都愿意帮助你的，但主动求助总会让你遇到好人。

◎ 岳博士咨询经验分享

一席谈确保了 4 年后入读斯坦福

我朋友的孩子杰克上高二时，随他父亲来香港游玩，住在我家。他爸让他跟我聊聊未来，我问他将来的梦想是什么，他说想出国见世面。我问他如何做到，他说把英语学好，再把其他功课学好，到了大三申请出国留学。我说这不行，我给你做个5年的规划，保你将来申请出国留学，占尽优势。这包括以下5点：

1. 大学读书期间把功课学好了，一科都不能挂，平均分必须在85分以上。千万不要感觉上了大学就可以放飞自我，为了圆出国梦，必须继续奋斗。

2. 大学读书期间把英语学好了，去美国留学考托福、GRE，去英联邦国家读书考雅思，都需要平时积累，考个高分。

3. 大学读书期间参加一些社会活动，多一些社会关注，不要给人感觉是书呆子。国外申请入学，很看重学生的社会关注和奉献意识。

4. 大学读书期间争取参加课题研究，做个助理研究员之类的，将来写在简历里，给人感觉你读研是有备而来的。

5. 大学读书期间争取参加学术会议，并发表学术论文。这不是指让你单独发表文章，而是跟着导师一起发表文章。

杰克听了我的话，深深地点点头，表示一定按此计划安排大学生活。

待他考上了大学后，不仅专业课学得好，英语学得好，还参加了课题组的研究，真的跟着导师发表了文章。特别是参加社会活动，他参加了学校的登山队，去西藏登山，并照了许多风景极美的照片。

杰克大四申研的时候，具备了别人不具备的条件，他申请了美国的哈佛大学、哥伦比亚大学、斯坦福大学等，我都为他写了推荐信。最后他被斯坦福大学录取，而入读斯坦福大学后，他很快找到了另一个贵人——心理系的一名教授，教授在做核磁共振的相关研究。杰克先是帮他收集资料，做实验，后来教授在发文章时把他的名字也带上了。那篇文章发表在《科学》杂志上，而那时他只是个研究生。

在主动求助中，有一个富兰克林法则：相对于那些你帮助的人，那些曾经帮助过你的人会愿意再帮助你。也就是说，让别人喜欢你的最好方法，不是去帮助他们，而是让他们继续帮助你，即让他们在帮助你的过程中有很大的成就感。

寻找生命当中的贵人，是对每一个寻梦者的考验。

第七讲

理解孩子的反叛心理

莹莹的完美主义倾向给她带来了极大的压力。莹莹常说："每次写完作业，我都要反复检查，如果感觉不好，宁肯不交作业。我就是无法忍受作业不完美，要么拿高分，要么不交。"在这种巨大的自我执念之下，莹莹渐渐地学不下去了，也跟不上学习的进度，她感觉做什么事都做不好，一心想休学。

打骂孩子是给自己挖坑

面对孩子的成长，家长最抓狂的事情莫过于孩子反叛。那么什么是反叛？我想给它一个形象的描述，孩子的反叛就是：

与家长激烈抗辩，与家长冷漠对峙，对家长不说实话，对家长敷衍了事，做明明不该做的事。

针对这一问题，我进行溯源，总结出一个“打骂孩子挖坑论”：

每当家长打骂一次孩子，就好比在亲子关系上挖一次坑，打骂得越多，坑就挖得越深，直到变成万丈深渊！在亲密关系上，挖坑容易填坑难，家长对孩子的肢体暴力和语言暴力，都有可能深深印刻在孩子的心灵深处，使之久久不能忘怀。

这样的结果就是家长与孩子的沟通越来越不通畅，久而久之，家长也就不被孩子需要了。

站在孩子角度来讲，他为什么会不听话？背后有什么原因？其实，孩子的情绪暴躁大多是积累而成的。孩子刚开始受家长的压制，都不会吭声或者不敢吭声。等孩子跟家长个子一样高了，他往往以顶撞家长为乐。最后，你怎么折腾我，我怎么折腾你；你怎么伤害我，我就怎么伤害你。妈妈一句“你怎么不去死，你怎么不跳楼”，孩子回一句“你是什么妈妈，有你这样当妈妈的吗”，真可谓不是冤家不聚头。更有甚者，情绪激烈的时候还有粗暴动作。

因此，刚开始是家长压榨孩子，到后来是孩子单挑家长，事情就是这样一步步地往极端的方向发展，甚至有时候双方言行都不计后果。

警惕家教中的“五字”训练

每个家长都希望自己的孩子能够学习出色，生活幸福。但在具体指导上，家长时常因为急功近利或过分看重孩子的成绩表现而给孩子带来巨大的精神压力。用我的话来讲，这叫作“五字”训练，对孩子的人格发展极为不利。

“怨”字训练

家长因为孩子在学校的表现不如意而不断地批评、指责孩子，让孩子对家长心生怨恨，其“怨”字日积月累，乃至后来形成激烈的反叛意识。

“㞞”字训练

家长因为孩子在学校的表现不如意而不断地批评、指责孩子，让孩子对家长心生恐惧，既不敢反驳，也不敢自辩。久而久之，孩子会凡事都“㞞”字当头，在家是个受气包，在学校是个窝囊废。

“怠”字训练

家长因为孩子在学校的表现不如意而不断地批评、指责孩子，让孩子越来越厌恶学校环境和学习内容，其倦怠心理会让孩子对学习形成习得性无助。

“恝”字训练

当家长对孩子的批评、指责多了，孩子对家长的批评、指责会变得麻木不仁，毫不在乎。

“抮”字训练

当家长对孩子的批评、指责多了，孩子会对家长的批评、指责十分反感，动辄大发脾气，激烈争辩，乃至大打出手。更可怕的是，孩子接受了这种“抮”字训练后，会在日后变得喜怒无常，不分人物和地点，路见不平一声吼。

总之，家长要注意与孩子的沟通模式，不要以爱的名义给孩子做“五字”训练，到头来虽用心良苦却适得其反，落得个追悔莫及。

青春期反叛其实是孩子隐忍 10 年的总爆发

所谓青春期反叛，多是因为孩子隐忍了 10 年。从 3 岁就开始隐忍，一直到 13 岁，父母喋喋不休地开“批斗会”，从早上开到晚上。父母不觉察，不克制，也不懂得延迟，觉得孩子不对就立刻说教，父母说完了，释放完了，但孩子要隐忍很久才能释放掉。

当初父母打压孩子，使得孩子对父母的某个动作、某个神态、某个用词十分敏感——从来不用想起，永远不会忘记。一旦愤怒情绪被唤醒，被激活，便久久不能平复，正所谓“剪不断，理还乱”，“不思量，自难忘”。孩子的情感垃圾积累太多，必然积重难返，导致孩子出现抑郁情绪、习得性无助以及攻击性行为，发展为反叛人格。

心理学上有个概念，叫作“未完成的事情”，就是指一个人对生命中的重要他人的爱与恨还在延续，而且一点就着。为什么有的人气性那么大，跟主管、同事一言不和就爆发，使得对方不知道哪句话说错了，惹得他发那么大的脾气？其实真正使他生气的人不是他的主管或同事，而是他背后站着的那个人。那个人通常就是他的父母，其无时无刻不存在，使他待人接物充满了傲慢与偏见。这就有了生活中“莫名我就讨厌你，恰如莫名我就喜欢你”的现象。到头来都是移情惹的祸。

我曾做过一个咨询，有个学生本来学习挺好的，父母为了让他更好地发展，把他送到了重点初中的重点班，没想到却把他送进了自卑训练营。为什么这么说呢？在新的班级里，孩子很自卑，怎么努力都不如别人，短短的三个月，从原来班里的拔尖生到新班级里的落魄生。孩子因此在家里每天闹，把自己这些年来顺从父母意志的愤怒全部发泄出来，厉声指责父母把他的人生给毁了。父母不明白孩子怎么突然变得如此反叛，可用孩子的话来讲，是“你们反叛了我的想法这么多年，我才变成今天的样子”。

的确，我们一直说孩子在青春期会反叛，却从来没有想过在孩子的眼里，父母才是一直反叛的一方。孩子隐忍父母反叛10年后，才开始与父母争吵，这其实是孩子迟来的反叛。

化解第一反叛期

每个孩子的成长大抵会经过两个反叛期。第一个反叛期一般在孩子3岁到5岁。此时的孩子可以比较充分地表达自己的意愿，特别是自己的不满情绪，他们说得最多的话是：不不不，我不要，我不去，爸爸坏，妈妈坏。

孩子要实现自己的意志，渴望得到家长的理解、接纳、呵护、支持。所以，从这时候开始，幼儿就希望参与成人活动，做成人做的事情，并希望得到家长的赞美，不喜欢听家长的批评。

在这个阶段，儿童的认知言语发展有了明显的提升。孩子此时开始有心机了，也有小小的谋算了，他开始积累自己的心理资源。所以家长面对孩子的诉求不能简单地说“不”字。

家长要辩证地看，如果孩子在家里不能自如、勇敢地表达自我，那么他走向社会——幼儿园、小学、中学、大学乃至职场，也许会十分窝囊。

孩子在家里凡事备感压抑，在社会上还能理直气壮吗？或者在社会上理直气壮完全是报复性的，即家里满足不了，他只好到社会上去寻求补偿。现在的校园霸凌，很多都源于此。

面对第一反叛期的孩子，家长应该怎样帮助其更好地成长？

让孩子说出拒绝的理由

例如，孩子说："我不想上幼儿园。"如果此时家长简单地说"你必须去"，这就是一次无效的沟通。家长应该说："你告诉我今天不想去的理由。"无论是想撒娇或者撒野，是肚子疼或者腿疼，都可以说是理由。家长可以替孩子请假，但孩子要有充分的、正当的理由，否则就应该去。这就是让孩子建立规则感，良好的沟通渠道也是这么建立起来的。家长对孩子不断说"不"字，其实是给孩子做自卑训练。家长要激励孩子表达，鼓励孩子交流，孩子才能有自信或自谦，才会愿意与家长沟通。

告诉孩子自己拒绝他的理由

比如，家长告诉孩子为什么早上 7 点要起床，是因为要去上幼儿园，这件事情是事先说好的，所以要共同努力。我们可以用催眠式的、赞美式的对话模式，让孩子心甘情愿地配合。

让孩子说出内心的感受

比如让孩子说出不想去幼儿园的内心感受，若孩子不想去幼儿园是因为去了会感到难受或者不舒服，或者不想见幼儿园里的某个人，这时你还让孩子去幼儿园，不就等于让他去受虐吗？不就是养成了孩子的自卑和窝囊吗？所以如果孩子不愿意做某事，家长要鼓励他说出来，还要给他一定的安抚，比如“你受委屈了，孩子，妈妈（爸爸）抱抱你”。此时，可暂时不去幼儿园，待问题解决了再去。这样就夯实了亲子关系。

总之，在这个阶段，家长要与孩子多交流，让孩子在不利的环境中学会不胆怯、不纠结。因为孩子日后肯定会遇到很多问题，如老师的不理解、同学的不理会，甚至受欺负，孩子需要从小就学会积极地应对。

岳博士智慧家长小贴士

警惕整惨孩子的五种家长

- 追求完美的家长：要求孩子在各方面都必须表现完美。
- 不可测的家长：情绪起落不定，令孩子无所适从，整日焦虑万分。
- 自我中心的家长：不能换位思考，不能替孩子着想。
- 自私的家长：凡事都把自己的利益置于孩子的利益之上。
- 假扮好朋友的家长：要求孩子对自己毫无保留，却随意践踏孩子的尊严和隐私。

化解第二反叛期

第二反叛期大概在孩子 12 岁到 18 岁。孩子在这个阶段会经历翻天覆地的变化，由此他开始焦虑，因为他需要自我发展。此时孩子的反叛说明他有主见了，这就需要家长给他更多的自主、更多的尊重。

孩子在3岁到13岁，家长通常靠“一个巴掌三声吼”来压制孩子。孩子不吭声不代表他就顺从了。等孩子到了13岁，个头与父母差不多，觉得自己变得强大时，他就开始追求与父母平等对话。所以说孩子是“运气”10年才敢向父母争自由，他容易吗？！

那么家长该怎么做呢？

给孩子话语权

给孩子话语权，让他把话说完。比如孩子说不想上学了、不想考学了，家长不能轻易驳斥他，而要更多地共情他。如果学习令他整日不爽，家长连吐槽的权利都不给他，这也太不近人情。其实大多数孩子跟父母说不想去上学，结果第二天还是去了，这往往是理解带来的力量。

给孩子决策权

给孩子决策权，让孩子参与决策。比如孩子到底去哪个学校？报什么班？参加什么考试？到了这一年龄段，需要家长与孩子共同决定。这叫合议，就像医生看病会有会诊一样。孩子参与决策，就会感觉被尊重，并且学会自己做主。这是在培养孩子的“上岗能力”。

给孩子评判权

给孩子评判权，允许孩子评论是非好坏。比如孩子喜欢哪个学校、哪个专业，要由他自己评论是非。家长越放权，孩子越独立。但是家长不能在孩子18岁前不给他任何选择和决定权，一到他18岁，就对他说“凡事你都可以自己决定了”。因为此时孩子会认为：我以前说什么都不是，做什么都不对，现在你让我当家做主，却没有给我做过上岗培训，我怎么知道怎么办？所以说父母太保护孩子在某种程度上就是在坑孩子，眼下的妈宝哪个不是这样的？

给孩子自主权

给孩子自主权，让孩子独立安排生活：家长要鼓励孩子多自立、多思考。只有这样去做，家长才能够培养孩子的自信。自信包括自尊自爱、自我效能感，这些都是需要长期培养的，其背后最关键的元素是什么？是理解。虽然说理解很辛苦！

总之，理解孩子需要与孩子同频，就是在与孩子对话时，家长要退行到孩子的年龄。家长退行到那个年龄段，才能以孩子的眼光、思维去对话，感受到孩子的感受，也就能理解孩子的许多想法不是天马行空，而是有其自身的道理。换言之，家长不能从23岁、33岁、43岁甚至53岁的角度来看这个孩子，而要从孩子3岁、5岁、8岁、10岁的角度来看他的世界。

当你站在孩子的角度时，你就容易与孩子共情，跟孩子牵手，痛着孩子的痛，恨着孩子的恨。这就给足了孩子最需要的理解。表7-1总结了家长与孩子好好对话的话术。

表 7-1　与孩子交流的注意事项

家长鼓励孩子自我总结 遇着烦心事，家长可以这么说	家长鼓励孩子自我努力 遇着开心事，家长可以这么说
今天的事，你怎么看待	今天的事，你做得真用心
今天的事，你有什么收获	今天的事，你做得真努力
今天的事，你有什么教训	今天的事，你做得真麻利
今天的事，你怎么可以做得更好	今天的事，你怎么接着做

著名科学家爱因斯坦说过："这个世界最不可理解的事，就是这个世界竟然是可以理解的。"我以此言送给各位家长。

哈佛大学的 4A 沟通模式

怎样与孩子有效沟通，是每个家长的必修课。我在哈佛大学做实习咨询员时（1990—1992 年），曾给学生们举办过 4A 有效沟通工作坊，它包括了 Accept-Ask-Advice-Adjust 四个部分，现在我把它变为面对亲子关系的沟通模式，叙述如下：

Accept（接纳孩子）：家长先听孩子讲话，无论发生了什么事情，都让孩子把话说完，并接纳孩子的情绪波动。

Ask（询问孩子）：家长听孩子讲完之后再做询问分析，以充分了解事情的来龙去脉，并鼓励孩子独立思考判断。

Advice（建议思考）：家长询问完之后再给孩子提建议，这样就很有针对性和靶向性，孩子也更容易接受。

Adjust（调整策略）：家长提的建议未必合适，需要由孩子去思考和实施，发现问题，再做调整。

家长要记住并坚持运用沟通中的4A模式，这样定能成为亲子沟通的高手。

家长不要给孩子做窝囊训练

所谓的反叛，一定是两面的：一方面是孩子不听话，使父母感觉不舒服；另一方面是孩子太压抑，就会变得越来越隐忍讨好，这对孩子成长同样不利。孩子窝囊是如何养成的？家里的沟通环境养就了孩子不善主动表达的性格。

所以，家长千万不要给孩子做“屄”字训练，否则孩子不敢表达，也不敢反抗。直到有一天，孩子在外面受了气，家长说孩子你要保护自己，可孩子说你早年都在给我做“屄”字训练，给我做过“勇”字训练了吗？

更可怕的是，孩子长大后路见不平，要么一吼向前冲，要么撒腿往后跑，既不懂得巧妙周旋，也不懂得积极面对。这样的话，孩子学习再出色，在职场也难有出色的表现，因为他遇到冲突不会维权，过于情绪化，难以在职场上获得持久的成功。这是许多学习出色孩子的隐患。

在这个过程中，家长应该给孩子所期待的理解，使他与家长沟通，没有胆怯，没有恐惧，没有愤怒，没有怨恨，那么他就愿意更多地在家长面前表达自己真实的想法。由此，家长越鼓励孩子多表达，多共情，孩子就会越自信，越能换位思考。在这样的氛围中长大的孩子，善于维权，处事果敢，并能自如地表达自我。

讨好型人格与自主式沟通

讨好型人格的概念是由美国家庭治疗大师维吉尼亚·萨提亚（Virginia Satir）[①]提出的，泛指追求取悦他人、没有原则性、自我动摇的人格。这种人格的人一方面十分在乎别人对自己的评论和认可，另一方面又很容易对别人的态度感到愤怒、怨恨，表里不一。由此，孩子被家长压抑得太多，总想让大人们高兴，内心就会变得十分脆弱和敏感，害怕受伤，把自己的心理弄得很疲惫。

摆脱讨好型人格最重要的步骤是让孩子学会果敢表达，即当自己的愿望和权益受到忽略或挤压时，要积极争取和维权。这不是要孩子去无理取闹，而是去智慧地争取。在这当中孩子要明白，争取了未必就能得到，但不争取就肯定得不到。

自主式沟通（autonomous communication）指在沟通中，既考虑自己的权利和感觉，也考虑对方的权利和感觉，以争取双方权利平衡与理性沟通的最大化。其实所谓自主式沟通就是在沟通的两极（被动式沟通和攻击性沟通）之间一个最好的中介点。

自主式沟通有别于被动式沟通和攻击性沟通。被动式沟通往往表现

① 维吉尼亚·萨提亚是美国最具影响力的家庭治疗大师。她在家庭治疗方面的理念和方法，深受业内人士的尊崇与重视。她发展出的家庭治疗技巧已被全世界各地的治疗师广泛运用。

出回避冲突，所以不能替自己维权，不能把自己的话说得很明确，很容易被对方制服，放弃自己的一些观念，最后自己生闷气；而攻击式沟通则往往力图控制对方、压榨对方，或者让自己利益最大化，当然就制造了不公平。从被动式沟通到自主式沟通，需要做到：聆听他人的想法，但是也必须说出自己的想法和需求；在表达自己想法的同时，一直尊重他人的想法。

自主式沟通有几个核心元素：一是追求公平对等，二是明确直接地表达自己的意愿，三是机智巧妙地表达自己的意愿。当然，这当中最重要的元素是表现诚恳。在自主式沟通中，要明确地表明做某件事情不仅仅是为了自己，也是从对方的角度出发，让对方感受到诚意，对方就更容易配合了。

总之，家长教孩子学会自主式沟通，是培养孩子自信、自尊的重要保障。

◎ 岳博士咨询经验分享

走出讨好妈妈到崩溃的困境

我曾给一位名叫莹莹的17岁女孩做咨询。她就读于一所重点中学，学习十分优秀，却在高一时休学。这是因为莹莹对自己要求极度严格，一心追求完美，一旦做不好就彻底不做。她曾这样评价自己："我要么不做，要做就做到最好。不然就算我放过我自己，我妈也不会放过我的。"

莹莹的完美主义倾向给她带来了极大的压力。莹莹说："每次写完作业，我都要反复检查，如果感觉不好，宁肯不交作业。我就是无法忍受作业不完美，要么拿高分，要么不交。"在这种巨大的自我执念之下，莹莹渐渐地学不下去了，也跟不上学习的进度，她感觉做什么事都做不好，一心想休学。

面对孩子，莹莹的妈妈也没办法了，但提出了两个要求：第一，可以休学，但调整好之后必须继续上学；第二，休学后接受心理咨询。就这样，莹莹的妈妈找到了我。

与莹莹第一次见面，她给我的感觉是聪明、上进，有主见，善于表达，但思维非常僵化，不善变通，这也体现在她追求事事完美的习惯上。

总的来说，莹莹的心理问题有以下几个核心表现：

1. 讨好他人：对于妈妈一面极力讨好，一面极力反叛，自我不协调。比如，一方面莹莹非常渴望得到妈妈的肯定，另一方面又总想与妈妈争吵。莹莹与他人的相处模式也大抵一样，令别人感到喜悦，却又无法让别人靠近。

2. 反向表达：莹莹心里想的和嘴上说的完全不一样，所以在人际交往中总让他人感到困惑。

3. 僵化思维：对于"一切都要做到最好"的执念已经达到了病态的程度，不懂得变通，也不能放过自己。

据此，我决定对于莹莹的治疗应侧重于去完美化、改变认知。但莹莹对此阻抗反应非常大，于是我开始通过谈话，挖掘造成她追求完美的里程碑事件，希望从中得到启示。

例如有一次，当我和莹莹聊到她喜欢的文学作品时，她说她最喜欢魏晋南北朝时期被欺压的弱者，或是一些一身才华但郁郁不得志的人物，且非常厌恶取得成就的大人物。这便是莹莹的心理投射，她将自己恐惧成功、不看好自己的态度投射在了魏晋南北朝时期的弱者身上，用对他们的认同来建立自己的防御机制。

还有一次，我见莹莹对魏晋南北朝时期的人物如此感兴趣，就鼓励她写作，并谈谈自己对嵇康的看法。她写得非常好，我很高兴地对她说："写得这么好，都可以拿去发表啦。"她却摆摆手说自己写得一点也不好，要真的拿去发表肯定会碰一鼻子灰。后来，我又请她看看我曾写的评价三国人物的文章，虽然她说我写得很好，但一会儿又说我对很多人物的分析非常肤浅。直到后来我开始探索莹莹与她妈妈之间的关系，才发现莹莹这样若即若离的态度原来是一种移情表现。

莹莹的妈妈是一名小学老师，对于还是学生的莹莹来说，妈妈是权威般的存在。妈妈对莹莹的要求、教导，对她来说不仅仅是动力，也是一种无形的压迫。而莹莹在我们谈话的过程中也感受到了同样的压迫，因为我让她谈她不愿意谈的问题，并试图瓦解她的心理防御机制。于是，感受到压迫的莹莹将对妈妈的情绪转移到了我的身上，用不配合的态度表达对我的反抗。其实莹莹对我的阻抗，也就是对妈妈的反抗。

莹莹回忆说，在小学三年级的时候，有一次妈妈的朋友来家里拜访，讲到莹莹在学习琵琶，妈妈便要求她为客人们弹奏一首琵琶曲。但她那时是初学，对于那首琵琶曲不是很熟练，就对妈妈说，没准备好，不想表演。

“哎呀！没关系的，这么多人呢，赶紧表演一个，别让妈妈没面子。”妈妈这样对莹莹说道。于是，为了不让妈妈丢面子，莹莹只好硬着头皮弹琵琶。但因为没准备好，那首曲子弹得磕磕巴巴，一点也不好听。莹莹总是用这段记忆来证明自己什么事也做不好。

另一件事也让莹莹耿耿于怀。莹莹从小打排球，技术出色，是校队的主力队员。有一次学校举办排球赛，因为当时学业繁重，日常疏于训练，莹莹本来不想参加，但教练让她上场进行比赛。结果由于准备不够充分，球队果然输掉了比赛。虽然大家事后都安慰她可以继续努力，下次一定能够取得好成绩，但她认定自己再也打不好排球了，于是立即退出了校队。

这两段成长经历，导致莹莹对成功极度焦虑、恐惧，有着深深的不安全感，也造成了她面对失败时虽然不甘心，但仍采取消极、退缩态度的习惯。

通过咨询我发现，莹莹的问题不仅仅是对妈妈的反抗，而且还包括她渴望在学习中有更多的自主性和自主权。经过商议，莹莹决定转学到国际中学，那样学习的压力会相对减轻。

之后，莹莹转学到一所国际学校就读，很快适应了那里相对独立的学习和生活方式。也因为住校，不再惦着怎样讨好妈妈过日子了，莹莹与妈妈的直接冲突大大减少。

最终，莹莹成功地申请到了去国外大学就读的机会，也慢慢走出了讨好型人格给她带来的困扰。

第八讲

理解孩子的对话密码

小刚是我的表外甥，小的时候非常可爱，每次见了我都兴奋异常。可近些年，我发现小刚的眼神越来越暗淡，话语也越来越少。直到有一天我问他是怎么回事，他告诉我，因为学习成绩越来越差，妈妈每天都批评他。我专门询问了小刚的妈妈，她总结说儿子小时候很聪明，现在变得越来越蠢了。我反问小刚的努力状态，她说孩子是很努力，但拿不到好成绩一切归零。我告诉她，她的问题出在不知道怎样夸孩子上，因为夸孩子是个技术活。

无效沟通的四种常见模式

家长在家打骂孩子，要么让孩子变得窝囊，里外都不敢表达自己；要么让孩子变得反叛，里外都是个刺头。当然，现在家长都觉悟了，基本不打孩子，但辱骂还是经常有的。如果家长不改变这样的沟通模式，孩子就会因隐忍而生怨恨，因怨恨而逆反。家长的不良沟通模式注定了亲子之间永远都说不到一块儿去。这种不良的沟通模式通常表现为：

压迫式对话：强迫孩子必须按照要求做，否则就是不听话、不孝顺，令孩子备感挫败。

控诉式对话：指责孩子这也没做好，那也没做好，令孩子备感沮丧。

交易式对话：要求孩子先做到什么才能得到什么，令孩子备感无助。

威胁式对话：对孩子以势压人，动辄“闭嘴”，言必“混蛋”，令孩子无所适从。

我们可以看出：以上沟通模式都是单声道沟通，也都是指令式沟通，都是在给亲子关系埋地雷、挖深沟。家长什么时候可以运用指令式沟通？在关键时刻，如孩子摸电源、横穿马路等，家长当然要大声喝止，令孩子知好歹，这都是应激状态下的做法。但平时用大吼大叫的指令式沟通，会使孩子极度厌恶，整天想着怎么逃离，或极度恐惧，惶惶不可终日。

如果家长骂孩子不踩点，只图自己一时口爽，而且一开骂就是10分钟，甚至“批斗会”从早上开到晚上，到头来，家长倒是宣泄爽快了，可孩子极度不爽。日复一日，月复一月，年复一年，久而久之，孩子当然会拉开与家长的心理差距，也习惯于不向家长说心里话了。而双声道沟通求的是我爱我家，就是努力做到爱是说理不啰唆，情是指点不命令。家长做到了这一步，就是双声道沟通。

亲子的有效沟通一定是双声道的，可家长们太习惯单声道沟通了。这多是因为家长在教育孩子上做不到延迟满足，而求即时满足。

人际沟通大师戴尔·卡耐基说过：“如果希望成为一个善谈话的人，那就先做一个善听话的人。”我以此话送给各位家长。

有效沟通的五要素

亲子有效沟通包括五要素：

真诚：对孩子以诚相待，尊重为先，理解为重，平等对话，令孩子备感亲切。

开放：对孩子以理相待，换位思考，同感共情，少说封闭式的话语，多说开放式的话语，使孩子备感理解。

明确：对孩子以责相托，明确任务，共同认定，不能含混不清，也不能强加于人，使孩子备感勉励。

变通：对孩子以通相加，处事灵活，做事变通，对任务执行中的特殊情况予以特殊处理，使孩子备感欣慰。

鼓励：对孩子以言相嘉，多加肯定，勤加勉励，对孩子的成就要不吝赞美，使孩子备感温暖。

比如，家长要求孩子完成作业，可那天他真的不舒服，或是发生了什么特殊事情，导致他没有完成，此时家长训斥孩子就会适得其反。有病的孩子伤不起，否则他就可能心存怨恨，内心发毒誓，将来远走他乡，让家长找不到，或是干脆不上学，让家长无可奈何。

而家长与孩子平等对话，就会带来如下收益：

家长强化了真诚，孩子就会更开放。

家长强化了开放，孩子就会更感恩。

家长强化了感恩，孩子就会更配合。

家长强化了配合，孩子就会更主动。

总之，家长与孩子沟通是个技术活。改换沟通模式，与孩子平等对话，让孩子知晓其中的利害关系，这样做虽然要多花些时间，却是有效沟通，使孩子不感压抑，不会积怨。

夸奖与批评，重过程而非重结果

夸孩子是个技术活，家长不能总是夸孩子有多聪明，而要夸孩子有多努力。因为前者会给孩子带来无形的压力，而后者则会激励孩子不断努力。

美国著名心理学教授卡罗尔·德韦克（Carol S. Dweck）曾做了一个“夸孩子聪明和夸孩子努力”的比较性实验研究。她的团队花了10年时间，对纽约20所学校里400名五年级学生做了长期的跟踪研究。研究分为4个测试环节：

在第一轮实验中，德韦克把孩子随机分为A、B两组，给他们准备了10个非常简单的智力拼图游戏。完成测试后，研究人员把分数告诉孩子，并且附加一句鼓励或表扬的话。其中A组孩子得到的评语是：哇，你拼对了8个拼图，你一定很聪明。B组孩子得到的评语是：哇，你拼对了8个拼图，你一定非常努力地尝试过，所以表现得很出色。

在第二轮实验中，德韦克准备了10个同样简单的智力拼图游戏和10个复杂一点的拼图游戏，让两组孩子自由选择拼图难度，并完成拼图。在上一轮中被称赞聪明的A组孩子，大部分选择了简单的拼图；被称赞努力的B组孩子，90%选择了更有挑战性的任务。这是因为当我们夸孩子聪明时，就等于在告诉他们，为了保持聪明，不要冒可能犯错的险。因此，即便是4岁的孩子，为避免出丑的风险，也会选择更简单的拼图。

在第三轮实验中，德韦克故意提高测试等级，把智力拼图的难度提升到了初中生的水平。可想而知，两组孩子都失败了。当被问起失败的原因时，A组孩子认为，失败是因为他们不够聪明。A组孩子在实验中也一直十分紧张，抓耳挠腮，拼不出来就觉得很沮丧。而B组孩子则认为，失败是因为他们不够努力。B 组孩子在测试中非常投入，并努力用各种方法来解决问题。

在第四轮实验中，德韦克又把测试换成了最开始那种简单的拼图，但是这一次，结果大不同。A 组孩子的分数和第一次相比，退步了大概 20%，而 B 组孩子的分数和第一次相比，却提高了 30% 左右。

因此，家长不能只夸孩子聪明，而要说孩子努力。这就好比家长不能随口拿别人家孩子打压自家孩子。家长夸孩子很聪明，孩子会担心自己学习成绩不好而证明自己不聪明；家长夸孩子很努力，孩子就没有这份担心。表 8-1 示范了赞美孩子聪明和赞美孩子努力的常用语句。

表 8-1　赞美孩子聪明与赞美孩子努力

赞美孩子聪明：给孩子压力	赞美孩子努力：给孩子赏识
孩子，你就是聪明，什么都难不倒你 孩子，你这么聪明，做什么都做得好 你学习成绩这么好，全靠你的脑子好使 大家都夸你聪明，没有什么事可以难倒你的	孩子，你就是通过一步一步的努力才做成了最好的自己 孩子，妈就是喜欢你这么用功，无论成绩好坏 无论成绩怎么样，你都在用心做 大家都夸你勇敢，这是我最为你骄傲的地方

卡罗尔·德韦克总结说，当我们赞美学生的付出时，他们会更用心，花更多时间，也更愉快地去处理面对的挑战。她的名言是：“变成比成为更美妙（Becoming is better than being.）”。

如同夸孩子是个技术活，批评孩子也是个技术活。

美国心理学家杰克·布洛克（Jack Block）提出，教师在表扬和批评孩子时，要区分表扬/批评结果（result-based）和表扬/批评过程（process-based）。其中前者会促使学生只关注成绩，而不关注付出；后者则促使孩子无论结果如何，都会更多地关注付出。

在亲子关系上，许多家长查看孩子的成绩，只看出色，不看出力，使孩子感觉只要考得好，万事都了结了，要是考不好，努力被看小。其实，家长养育孩子，重过程要大于重结果，这样才能不断激励孩子的斗志。在这当中，家长要注意表扬和批评孩子的话术，做到表扬孩子但不功利，批评孩子却不泄气（见表 8–2）。

表 8–2　夸奖孩子与批评孩子的话术对比

夸奖结果	夸奖过程
你今天英语做得很好 （鼓励结果）	你今天做英语做得很用心 （鼓励付出）
你画得非常好 （笼统夸赞）	你把颜色都用上了，真厉害 （具体夸赞）
你比小明做得快 （孩子与他人比较）	你这次比上次作业完成得快 （把孩子与过去比较）
你这次考了 100 分，妈妈给你买玩具 （奖励结果）	你这次学习很努力，奖励你一个小玩具 （奖励努力）
批评结果	**批评过程**
你今天英语做得很差 （批评结果）	你今天做英语做得不够用心 （批评付出）

（续表）

你画得不够好 （笼统批评）	你把颜色涂得有些乱 （具体点评）
你比班上大多数人都做得慢 （孩子与他人比较）	你这次比上次做得慢多了 （把孩子与自己的过去比较）
你这次没考 100 分，妈妈不给你买小玩具了（批评结果差）	你只有学习更专心，才能让妈给你买小玩具（批评不专心）

总之，家长表扬或批评孩子，重在培养孩子在面对学习和生活中的挫折与困境时，做到一不放弃努力，二不侥幸偷懒。这种心态被称为成长型心态（growth mindset），它会强化孩子在化解挫折中的乐观心态和自我效能感。

我倡导四种亲子沟通的话术

与孩子有效沟通，需要有话术。在这里，我以管理孩子玩游戏的时间为例，教家长四套话术，让你与孩子有话好好说。

商讨式话术

商讨式话术，就是以商讨的口吻与孩子对话。比如劝说孩子不要再玩游戏了，家长说“别玩了”或“不许玩了”，这都是很直接的表达，往往是家长说了也白说，孩子听了也白听。商讨式话术是以平等对话为目标，应该这样说：

孩子，你说好玩 1 个小时，现在时间到了，什么时候停止？

孩子，妈妈不想抢你的手机，但到了约定的时间，你应该履行承诺。

孩子，妈妈知道游戏对你很重要，但你能理解妈妈督促你学习的苦心吗？

孩子，我们都能说话算数。

家长在说这些话的时候，千万要沉住气。因为家长说的时候，孩子也在想这个问题。家长要理解，这一刻孩子如能收手的话，那对孩子来讲是多么重大的成就，因为他很自律。由此，玩游戏不是问题，问题是做不到自我控制。孩子大多是做不到自我控制的，一玩就玩嗨了。所以能自我控制的孩子，一定是很自律的孩子。这才是家长应该关注的焦点。

催眠式话术

催眠在心理咨询中是一种常用技术。催眠不是让你睡着了，催眠是让你恍惚了，听着听着就开始配合了，跟着跟着就开始行动了。所以催眠的作用恰似此时无声胜有声。同样是面对孩子玩游戏，用催眠式话术应该这么说：

孩子，你一向说话算数的，你一向说话算数的，你一向说话算数的。

孩子，别玩了，你不会让妈妈失望的，对吧？你不会让妈妈失望的，对吧？

孩子，你是最能理解妈妈的？你是最能理解妈妈的，你是好孩子，你最贴心了。

孩子，妈妈最喜欢你自律了，就喜欢你说话算数。

孩子听着听着就配合了。

像这样说话，叫作歹事好说。就是用开心的口吻说一件不开心的事情，使孩子听上去很入耳。但家长一不留心，就做成了好事歹说。就是用不开心的口吻说一件开心的事情，使孩子听上去很刺耳。

自省式话术

自省式话术，就是鼓励孩子独立思考，自我醒悟。同样是劝说孩子不要再玩游戏，用自省式话术应该这么说：

孩子，你想想，妈妈为什么限定你玩游戏的时间？
孩子，你说说，这玩游戏无限制有什么问题？
孩子，你知道怎么做，会让妈妈最开心的？
孩子，你说说，怎么做才算是自律呢？

此时，孩子可能会说，“我玩游戏会减压，让我忘却眼下的烦恼”，家长应该说：

其实我也想鼓励你玩好，只是想问你，你怎样才能收得住？

上次我们说好了，一次就玩 40 分钟，现在超时了，你能允许同学这样说话不算数吗？

其实孩子玩游戏成瘾，那是惯性运动，很多孩子都会被圈进去。所以说游戏不是问题，问题是怎样做到自我控制。这就需要先建立家庭契约，就是家长与孩子先说好可以玩多久，并彼此信守承诺，互不欺瞒。比如说好玩半个小时，到点就停，说话算数。这就是一个平等的对话，也是一种有效的沟通。可惜许多家长训斥孩子玩游戏，缺的就是先立规。立了规，师出有名，就可以监督执行。

此外，自省式话术也会使家长学会运用套话技术。套话技术是心理咨询中的常用技术，即咨询师要从来访者嘴里套出咨询师想说的话，而不是给来访者灌输。换言之，我说多了你听烦了，那我鼓励你自己说，再从中找出那些有利于当下沟通的部分，如此自省式沟通就会很有效。

赞美式话术

赞美式话术，就是以强化孩子正向行为为目标，赞美孩子。同样是劝说孩子不再玩游戏，赞美式话术应该这么说：

孩子，你每次主动停止玩手机，妈妈都超级喜欢你。

孩子，今天你主动停止玩手机啦，太有自觉性了！

孩子，你的自律表现太令我为你骄傲了。

孩子，妈妈就是超级喜欢你能管理好自己。

其实赞美式话术跟催眠式话术十分相似，都是在肯定孩子，都是让家长与孩子有效沟通，也都是双声道交流。

当孩子说“不想起床了”“不想上学了”“不想考试了”，家长可以用这四种对话模式与孩子沟通，就像做填空练习一样，把相应的内容填入对话中。

家长能与孩子有效沟通，本质上就是五个字：有话好好说。即给孩子充分的理解、充分的尊重、充分的真诚、充分的开放，使孩子在父母面前没有恐惧，没有担忧，没有顾忌。

此外，这四种话术的运用是有年龄差异的。赞美式话术和催眠式话术对 10 岁以下的孩子很管用，而对 10 岁以上的孩子就要多用商讨式话术和自省式话术。特别是孩子上了高中之后，需要有更多的独立意识和训练，商讨式沟通模式和自省式沟通模式更趋向放权、放手，使孩子感到被理解、被尊重。表 8–3 总结了家长理解和赞美孩子的常用话语。

表 8–3　理解孩子和赞美孩子的常用语

理解孩子不容易	鼓励孩子肯努力
孩子，你真不容易	孩子，你很有悟性
孩子，难为你了	孩子，你很有毅力
孩子，你受委屈了	孩子，你很执着
孩子，这样对你不公平	孩子，你真不简单
孩子，他不该这样对待你	孩子，你很抗挫
孩子，这样说很伤害你	孩子，你值得大家钦佩
孩子，这个结果令你很意外	孩子，你的付出令人骄傲
孩子，这个结果令你无法接受	孩子，你比想象的坚强

岳博士智慧家长小贴士

家长让孩子做作业的话术

家长："孩子，该去做作业了。"

孩子："我不想现在做。"

家长："你说好你要做的。"

孩子："不，我不想现在做。"

家长："这可是你自己说好的。"

孩子："可不可以再给我半个小时的时间？"

家长："你自己说好，1 小时后开始做作业，所以你说话要算数。"

孩子："那再给我 10 分钟时间。"

家长："你上次说好了，1 小时到了你就做作业，这是你自己说的。"

孩子："我什么时候说过这句话？"

家长："你上次说了，还写了纸条，答应我说话算数。玩 1 小时之后一准儿做作业。要不我把那张纸条拿来，再让你看一下？"

孩子："好吧，那我现在去做作业。"

家长："对了，这就是好孩子，我最喜欢的就是你说话算数这一点。"

孩子："嗯，好的。那我现在去，我是说话算数的好孩子。"

家长："乖孩子。"

家长要克制，说话不能太啰唆

啰唆是亲子关系的腐蚀剂，因为家长收不住，孩子受不了。

啰唆，是一开始说话就收不住，并且说的都是正确的废话。啰唆也好，打骂也好，都属于成瘾行为。成瘾行为有自我强化的效应，越做越成瘾。家长教育孩子要讲究策略，把握时机，追求最好的教育成效，切不能因逞一时口舌之快、泄一时愤怒而采取极端行为。

啰唆会给孩子带来不同程度的伤害

啰唆会给孩子带来不同程度的伤害。语言暴力一点不亚于肢体暴力，例如“你这个窝囊废”“我养你真是瞎了眼”“你怎么不去死，你去跳楼啊”。像这样的话，家长说完解气了，可孩子心里需要很久才能平静。可能有一天孩子真的被催眠了，真的跳下去，那家长就悔之莫及了。

20 世纪 60 年代，有心理学家做过一个猫的进食实验。实验分两个阶段进行。第一阶段，对一只健康的猫予以爱抚和美食，猫表现得很惬意、很出色。第二阶段，在一个小食品箱内放入一个小管，每当猫前来觅食就释放一股冷气，这虽然没有阻止猫吃到食物，可是使猫变得焦虑、呆滞，行动笨拙。当另一只猫来抢夺食物时，它竟显得无动于衷，甚至当老鼠出现时，它也在躲闪。

同样，面对脾气暴躁、每天吼叫不断的家长，孩子不但会失去学习的兴趣，也会变得动作迟缓、呆滞，甚至绝望，做出极端的事情。

美国文学家爱默生说过：“所谓的‘耳聪’，也就是‘倾听’的意思。”我以此话送给各位家长。

啰唆只会使信息在传递中流失

啰唆会制造信息传递的漏斗现象（见图 8–1）：父母想要说的是 100%，有效表达出的是 80%；孩子接收到的是 60%，理解的是 40%，记住的是 20%，最后去做的只有 10%。啰唆不过是家长的自嗨状态，对孩子的任务执行有害无益，家长不可不察。

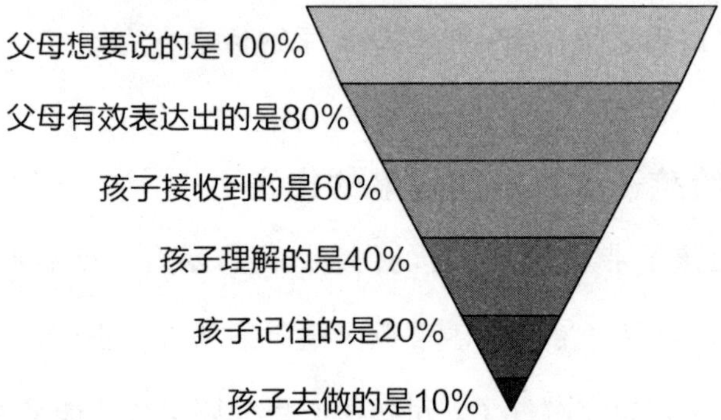

图 8–1　啰唆的信息漏斗

家长喋喋不休地跟孩子说“你要好好学，不然将来就没人养你了”之类的话，孩子听了无动于衷，就是因为这些话家长天天讲，月月讲，年年讲，孩子都麻木了，以至于家长都不用说什么，只要在孩子面前晃悠晃悠，孩子就知道他们要说什么，真是此处无声胜有声。表 8–4 总结了啰唆与去啰唆训练的差异。

表 8–4　啰唆与去啰唆对照

啰唆：净说正确的废话	去啰唆训练：该住嘴就住嘴
孩子不听说不休	孩子不听就住嘴
孩子不理跟到底	孩子不理就走开
孩子不动代他动	孩子不动就撒手
孩子不急大人急	孩子不急就等待
最后，不是冤家不聚头	最后，冤家宜解不宜结

◎ 岳博士育儿经验分享

跟墙说去——女儿给我的启示

有一次，我给女儿打电话，她嫌我说话啰唆，直接跟我说："Go talk to the wall（跟墙说去）。"然后把电话挂了。我冷静了5分钟，又给女儿打电话，接通电话我就说："I finished talking to the wall（我跟墙说完了）。"女儿笑了，问我要说几点，我说："就三点。"女儿立即回答说："Start with the second point（从第二点说起）。"

这件事情给了我很大启发。人说多了后，都不知道自己在啰唆。特别是亲子之间，一方越不想听，另一方就越想说。到头来是言者根本不在乎听者听什么，只在乎自己说什么。言者啰唆时处于发散思维的状态，往往越说越兴奋，越说越想说，而听者越听越难受，越来越感到窒息。这是典型的单声道沟通。

此后我就学乖了，与孩子们说话尽量精简，交流前会先问一句："你有时间吗？""我准备说五六分钟话，绝不啰唆。"在谈话中，我也告诫自己一定不要啰唆。沟通方式的改变确实让儿女更加接受我，也没有再嫌我说话啰唆。

此外，我也会鼓励孩子回答问题。比如当出现事情没有做好的情况，我会问他们发生了什么，怎么解释这件事情。先让孩子自我批评，让他们说出来要比家长讲道理效果好得多。

总之，家长要克制啰唆的欲望，以获得有效沟通及亲子关系的改善，也可以与孩子分享去啰唆训练的方法和技巧。家长要有不啰唆的勇气，要学会延迟满足，有些事情看破不点破，点破不啰唆。亲子相处如此，夫妻相处亦然。

第九讲

理解兄弟姐妹的共生成长

兄弟姐妹之间的冲突会深深影响一个人的人格发展，其良性冲突会激发一个人自我成长，其恶性冲突会阻碍一个人自我成长。因此，问题不在于兄弟姐妹之间是怎样发生冲突的，而在于他们是如何化解冲突的。

兄弟姐妹共生成长的益处

家长怎样在孩子之间一碗水端平？每个家长都需要发现并赞美孩子们各自的优点，并因人而异，对孩子们因材施教。简单地说，兄弟姐妹共生有如下益处：

竞争与协作。兄弟姐妹需要在竞争中学会协作，在协作中学会竞争。

羡慕与自立。兄弟姐妹需要在羡慕中崛起，在自立中羡慕。兄弟姐妹之间彼此羡慕、彼此嫉妒是家常便饭，所以怎样化被动为主动，化消极为积极，是兄弟姐妹共生带给每个人的成长经验。

嫉妒与宽恕。兄弟姐妹之间的嫉妒可以伴随人的一生，心理学中称为“未完成事件”[①]。孩子很容易感觉父母偏心另一方，这种情绪如果不能得到很好的化解，就会延续到以后的亲密关系和社交关系中，让他永久处在愤愤不平、耿耿于怀的纠结当中。所以，孩子要学会在嫉妒中求宽恕，

---

① “未完成事件”一词源自完形心理学（也称格式塔心理学），强调过去未完成的事件会不断被感受、体验。

在宽恕中去嫉妒。

帮助与感恩。兄弟姐妹之间的相互扶持和感恩是一种良性循环，而相互贬损和拆台是一种恶性循环。这当中团队意识和感恩意识是关键，需要从小培养。

偏心与公平。家长偏心某个孩子在所难免，公平也自有心鉴。孩子需要从小就学会积极面对心中的不公平感，不断练就个人的气度，以便将来走向职场时不会对同事间的不公愤愤不平。

争取与等待。兄弟姐妹都在争取机会，但机会不会对每个人都同等公平，孩子要学会在争取中等待，在等待中争取，这也是孩子毕生要修炼的。

分离与聚合。兄弟姐妹长大了会彼此分离，各自成家。大家分分合合，在分离中相互挂念，在聚合中相互赏识，这也会促成和睦的兄弟姐妹关系。

总之，兄弟姐妹的共生堪称情商训练营。兄弟姐妹之间的冲突及其化解能够培养一个孩子的共情能力、沟通能力、情绪管理能力，兄弟姐妹相处一场使人更懂得珍惜彼此的扶持和鼓励。

兄弟姐妹相处，应对内竞争对外团结

兄弟姐妹之间该怎么处？我主张对内竞争，对外团结，礼让有规，进退有据。

具体而言，兄弟姐妹之间本来就存在竞争，但应该是良性竞争，而不是恶性竞争。

所谓良性竞争，就是孩子在家里家外做得好，就应该得到必要的表扬，否则就没有公平感。中国文化讲孔融让梨，我认为讲的是让的文化，其实这个让不是绝对的，而是相对的。兄弟姐妹之间谦让太多也会产生矛盾。家长要制订一个公平的准则，让大家都参与竞争。否则孩子会把在家里的窝囊带到社会中，再把在社会中的窝囊带回家里。

所谓恶性竞争，就是孩子没有边界感，动辄把家里的矛盾冲突带到外面去，给兄弟姐妹带来很大的伤害。那样兄弟姐妹就成了家里最大的潜伏者，那家里待着还有安全感吗？家长要提醒孩子，家里的事情家里解决，不要把家里的事情带到外面去，一家人对外要保持统一，让孩子从小就懂得内外有别的重要性。

在这个过程中，家长应允许并引导孩子把内心的委屈说出来，并借此促使孩子相互原谅。孩子之间闹矛盾，指望家长做终极裁判，家长唯有让孩子都实话实说，相互谅解，才能给孩子公平的感觉。

此外，家长应指导孩子相互赠物，培养兄弟姐妹之间相互关爱之情。在重要的节日里，家长除了给孩子送礼物，也可以引导孩子互相送礼物。这种相互关爱、相互赠物，是一种习惯的养成，是需要家长带头的。

《朱子家训》言："兄弟叔侄，须分多润寡；长幼内外，宜法肃辞严。"就是说"兄弟叔侄之间要互相帮助，富有的一方要资助贫穷的一方；一个家庭要有严正的规矩，长辈要对晚辈言辞庄重"。

阿德勒升华了对哥哥的怨恨

阿尔弗雷德·阿德勒（Alfred Adler）[①]是奥地利著名的精神分析学家。他出生于一个犹太家庭，在七个孩子中排行老二，因为小时候得过佝偻病，所以无法进行激烈的体育活动。他哥哥比他大两岁，是家中的宠儿，尤其受母亲的宠爱。这曾深深伤害了小阿德勒的自尊心，好在父亲对他尚算公平。阿德勒3岁时，睡在他身旁的弟弟死了，后来他还被车撞到两次，5岁时差点因为肺炎死去。可他哥哥一直以欺负他为乐，还经常向别人讲述他有多傻，多可怜，多令人讨厌。

这一切深深刺伤了阿德勒的自尊心，他从小就与体弱抗争，也与哥哥的欺压做斗争，一心想获得父母的认可。正是在此基础上，阿德勒提出了自卑情结和自我超越的概念，讲的就是一个人面对欺压和霸凌，唯有不断抗争，才能超越自我的局限。

阿德勒有两句名言，一句是“我大哥是我唯一不能很好相处的人”[②]，另一句是“重要的不是天生拥有什么，而是如何活用拥有的东西”[③]。有趣的是，阿德勒的一生都处于与两个叫西格蒙德的人的爱恨交织中，一个是他的亲哥哥西格蒙德·阿德勒，另一个是西格蒙德·弗洛伊德（Sigmund

---

① 阿尔弗雷德·阿德勒，奥地利精神分析学家，人本主义心理学先驱，个体心理学的创始人。曾追随弗洛伊德探讨神经症问题，但他是精神分析学派中第一个反对弗洛伊德理论的人，著有《自卑与超越》《人性的研究》《自卑与生活》等书。

② 这句话的英文原文是“My elder brother was the only one with whom I could not get along well.”。

③ 这句话的英文原文是“It is less important what one has than what one does with what one has.”。

Freud）[①]。阿德勒在与弗洛伊德的交往中，很容易想起他大哥，他总是感觉弗洛伊德背后站着一个人，那个人就是瞧不起他的大哥。这件事让弗洛伊德看出来了，一次他对阿德勒说："你不就是因恨着你哥而恨着我吗？"阿德勒回答说："那又有什么错？"

与大哥争强给阿德勒带来了一生的纠结。这包括：

对于母亲偏心大哥一生的怨恨。
对于父亲接纳自己一生的感恩。
对于超越自我一生的追求。
对于弟妹们一生的宽容。
对于自我情绪一辈子的掌控。
对于社会公平与公义一生的关注。

这也是西格蒙德·弗洛伊德所说的恩怨投射与移情相连。

阿德勒在与哥哥的竞争中永远处于弱势，所以一生都在追求做最好的自己。用时下术语来说，阿德勒是打了鸡血，穿上红舞鞋了，一生都在寻求自我超越。阿德勒最后名满天下，他哥哥只是一个成功的商人，他对人类社会的贡献远在他哥哥之上。但阿德勒曾幽幽地说，"我哥哥挣钱比我多，还是压在我头上"。

① 阿德勒曾是精神分析学派的核心成员之一，但后来因不同意弗洛伊德的泛性论而与之分道扬镳，潜心研究并创立了个体心理学。阿德勒的理论以自卑感和创造性自我为核心，强调家庭环境和社会文化对于人格的影响。

岳博士智慧家长小贴士

兄弟姐妹相处好的“四要”

- 要相信父母内心都是尽量对你们一视同仁的。
- 要理解父母总是在尽力肯定你们的各自优点。
- 要珍惜父母对你们各自的关注，虽然你们时常会感觉自己没有被足够珍惜。
- 要明白在关键时刻你们需齐心协力，顾全大局，相互关照。

兄弟姐妹相处好的“四不要”

- 不要轻易在别人面前投诉自家兄弟姐妹有多可恶，你们朝夕相处，矛盾冲突会随时出现，也可随时化解。
- 不要轻易听信别人告诉你该怎么做，因为你提供的原始信息就是片面的，所以别人给出的建议也是片面的。
- 不要轻易相信别人讲他们家的兄弟姐妹有多可恶，因为那大多都是气头上的话，不能当真。
- 不要轻易建议别人该怎么处理兄弟姐妹的关系，因为你获得的信息是别人想让你知道的信息，你并不知道它与真相有多远。

◎ 岳博士成长经历分享

有个弟弟真是好

5岁多的时候，有一天母亲告诉我："你会有一个弟弟或妹妹啦。"我听了很高兴，因为我一直羡慕那些有兄弟姐妹的同学，他们白天可以一起去上学，放学后可以一起玩，以后也会有人陪我玩，太期盼了。

弟弟出生的那天，学校派了一辆小轿车来接母亲去医院，我也跟着去了。这是我第一次乘坐小轿车，感觉好威风。带弟弟出院的时候，为了表现喜庆，父亲找来了一辆农村结婚用的华丽马车，走起来像坐轿子一样。这也是我第一次坐马车，兴奋不已。在回家的路上，我看着弟弟红扑扑的小脸，想着有个玩伴，开心极了。

可随着弟弟不断长大，我对他爱怨交织。爱的是，他长得胖乎乎的，很好玩，也很讨人喜欢；怨的是，父母的注意力越来越放在他身上，不断给他买玩具、新衣服，这让我很不开心。更不爽的是，有时候我还要帮着带弟弟，他爱哭，半天都哄不住，让我烦透了。我越来越感觉，弟弟的出现给我带来的烦恼大于快乐。

一次，母亲答应带我外出参加一个活动，临出门时弟弟也闹着要去。母亲后来决定带他去，还说我作为哥哥，应该懂得让着弟弟。这个变动让我纠结了好久，感觉弟弟剥夺了许多原本属于我的权利。我尤其不能理解的是：凭什么哥哥总是要让着弟弟，凭什么弟弟就不能让着哥哥？！特别是母亲讲了好多遍孔融让梨的故事，我怎么从来没有见过弟弟让过任何东西给我？！我是哥哥，他是弟弟，为什么父母不能在我们之间也讲讲先来后到呢？！

还有一次，母亲交代我在上学前拖地板。我刚刚拖完地板，弟弟就在房间里跑来跑去，弄得地板上都是他的鞋印。我十分恼怒，就用拖把将他打翻在地，他号啕大哭。母亲下班回来，弟弟就去告状，说我欺负了他。这时，母亲严厉地问我为什么会欺负弟弟，我说他不听我的话，将我刚拖干净的地板给弄脏了，所以我才打了他。母亲严厉批评我，说无论什么理由都不应该打弟弟，要我去向他道歉。我说，要道歉也是他先向我道歉，因为他明知我拖地不容易，还故意弄脏地板，所以我是不会先道歉的。我的强硬态度惹恼了一旁的父亲，他过来狠狠地骂了我几句。我大声回嘴：“你们这样不公平，你们这样不公平！”并从家里跑了出来。母亲追了上来，安慰我半天，对我说：“我知道你当哥哥不容易，也想做好家务事，只是有什么事要好好说，弟弟还小。很多事他不懂，你要多理解……”

这件事也让我纠结了很久。一方面，我也为自己那天失控打了弟弟而感到愧疚，毕竟弟弟小我6岁，我再怎么生气也不应该对他动粗。另一方面，我仍感觉父母在我们兄弟之间态度不公，对我的要求总是严于弟弟。所以我的怨气也是针对父母的，认为他们总是以弟弟小哥哥大，哥哥要让着弟弟来要求我，好像当哥哥的就要永远受这窝囊气。早知道如此，还不如让我做弟弟，让弟弟做哥哥，也让他体验一下这些年来我受过的委屈。

随着年龄的增长，我们在生活中的冲突越来越少，默契也越来越多。一次，母亲让弟弟通知我做一件重要的事情，结果我忘了做，回家看到弟弟时才想起来，顿时不知所措。看着我着急的样子，弟弟对我说："你别着急，一会儿我跟妈妈说，是我忘了提醒你，这样妈妈就不会怪你了。"弟弟这么一说，令我感动万分，平时积的那些怨气全都云消雾散。当时，我心里冒出一个念头：有个弟弟真是好！

还有一次，我骑自行车撞了车，把那个人的轮胎撞坏了。他揪住我不放，一定要我赔钱给他修轮胎。我身上没钱，又无法找到父母。就在我急得直跺脚的时候，弟弟经过这里。得知我的窘境后，他立即回家把平时存钱用的钱罐子拿来，里面都是一分、两分和五分的硬币，摊在地上一个一个地数，居然数出两块多钱交给那人，化解了我的危机。之后我问弟弟，你怎么存了这么多钱。弟弟说是平时父母给他买零食的钱省下来的，没想到派上了大用场。我当时感动得不知说什么好，使劲握着他的手。在我记忆中，这是我第一次行握手礼来感谢他。

当然，我也帮助过弟弟。一次，他与院里的一个小朋友闹矛盾，相互动了手，那个孩子吃了亏回家哭诉，他父亲为此来我家投诉，正好我在家。当那个父亲一脸怒气地望着弟弟，质问他为什么欺负他儿子时，我在一旁满脸堆笑地望着弟弟，暗示他不要紧张，有话慢慢说。事后，弟弟对我说，那天我的态度让他深深地感到，有个哥哥真是好！

此外，我还是弟弟的英语启蒙老师。当年我在内蒙古大学家属院里办了一个英语补习班，专门教授对英语感兴趣的孩子。补习班一共有8个孩子，其中就有我弟弟。在班上，他虽然不是学习最好的一个，却是上课纪律最好的一个。除此之外，我平时与朋友聚会常常带着弟弟一起参加。对我说来，这只是顺便的事，没有什么特别的。但对弟弟来讲，常常与比自己大五六岁的人一起思考人生，让他从小就在思想境界上超越了同龄人，这给了他极大的鼓励。慢慢地，我的小学、中学甚至大学的同窗好友，大都成了弟弟的好友。一直到现在，我还经常和弟弟聊我与他们交往的事，每次他都听得津津有味。而弟弟每次回家乡，看望的朋友也有我当年的朋友。

再后来，我们都来到了北京，我读大学，他读高中。每隔几个周末，我们都合计着去北京的某个旅游景点转转。就这样，故宫、北海、中山公园、颐和园、圆明园、潭柘寺、恭王府、醇王府、香山、八大处等地方都留下了我们的足迹。有些地方，我们还去了不止一次。在此过程中，弟弟随着我成为历史发烧友。在游玩的时候，我们常常一边看，一边品，我说一段，他说一段，每次都兴趣盎然，流连忘返。有时候，我们还来一首唐诗或宋词，彼此唱和。现在，我在各地的旅游景点参观时都会情不自禁地想起弟弟，想象他在现场该有多好。

有个兄弟真是好，这是我们兄弟俩的共同心声。而对于父母，我也是在自己成了家长之后，才完全明白他们当初要求我做个好哥哥对他们来说有多重要。

第十讲 理解孩子的兴趣热点

孩子对学习专注投入，是因为他心有所属，梦有所求。这绝不是父母指派的，而是发自内心的，是个人的内驱力使然。而内驱力又源自他的兴趣热点。

兴趣班到底是谁的兴趣

兴趣班到底是谁的兴趣，是家长的还是孩子的？这是我给家长们的灵魂拷问。

很多家长给孩子报兴趣班，是借孩子的兴趣班来完成自己未竟的心愿。我给一位家长做过咨询，她一口气给孩子报了三个乐器班——钢琴、竖琴和琵琶。结果孩子不愿意，老师不赞成，但谁说都没用，家长仍坚持。直到有一天孩子学琵琶时愤怒地把琴弦扯断家长才不得不退掉一个兴趣班。我问她为什么要给孩子报三个乐器班，她坚定地告诉我："我就是要把孩子培养成一个音乐全才，因为我就是。可惜我的爸妈没有培养我，所以我一定要培养我的孩子！"可悲的是，在报名参加这些乐器班之前，母女关系还挺好的，后来却彻底崩溃了。

没有什么比兴趣班的选择更能看出一个孩子的天分，也没有什么比兴趣班更能培养一个孩子的专注力。因此，在兴趣班的选择上，家长需要尊重孩子的选择，顺从孩子的个性，遵循孩子的成长法则，让孩子乐在其中，孩子才能心甘情愿地“苦”在其中。比如学习乐器，如钢琴、小提琴、古筝等，孩子刚开始还觉得好玩，但如果没有兴趣导入，孩子是坐不住的。我见过很多家长，逼孩子学孩子不喜欢的乐器，结果是上课若上刑，练琴若苦役，家长苦相逼，孩子苦挣扎。

说到底，家长应该对孩子的天性抱以信任，而这个天性就是孩子的智能趋向。

多元智能是兴趣选择的基础

多元智能是我在哈佛大学教育研究生院的导师霍华德·加德纳（Howard Gardner）教授在40年前提出的。他认为，智能是一个人在某种社会和文化环境生产或创造某种产品的能力，而且这种能力是多元呈现的，不是单一发展的。具体地说，加德纳提出了八种智能，包括逻辑数理智能、语言交流智能、音乐表达智能、视觉空间智能、人际沟通智能、身体动觉智能、内省智能和自然观察智能（见图10–1）。

我们给孩子报训练班，如口才训练班、钢琴班、古筝班、书法班、绘画班、舞蹈班、篮球班等，其实都是想培养和训练孩子的多元智能。兴趣方面的学习，不仅可以培养孩子的特长，也给孩子的成长提供一个多元发展的空间。每个孩子的天赋是不一样的，单一评价系统和一统化的教育难以帮助孩子获得充分的发展，因材施教才是教育的王道。

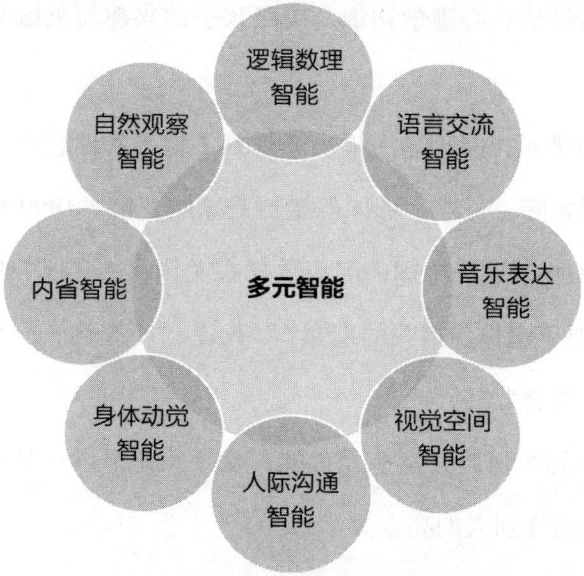

图 10-1　加德纳多元智能图

很可惜，很多人认为成绩好的孩子才是好孩子，语数英定乾坤。而孩子在自我省悟、人际交流、音乐天赋、体能表现等方面的特长，往往不被看重。孩子上幼儿园时还有兴趣班，上了小学之后，尤其随着年级的升高，英语、语文、数学补习班逐渐占据了主导地位。为了避免这种趋势愈演愈烈，国家发布了“双减”政策①。

培养孩子的多元智能，就是让孩子从小学会双脑并用，左右开弓，身心共同发展。比如对右脑功能的优化让孩子的自然观察、视觉空间、音乐表达、内省智能等得以更好地发挥，而左脑功能的优化会使得孩子的语言交流、逻辑数理、人际沟通等智能发挥到更高的程度。在这层意义上，家

① “双减”政策是 2021 年 7 月 24 日中共中央办公厅、国务院办公厅印发的《关于进一步减轻义务教育阶段学生作业负担和校外培训负担的意见》的简称。其中强调要“减轻学生作业负担和压减学科类校外培训机构”。

长要懂一些脑科学和心理学知识，按照孩子的兴趣与天赋来培养孩子的特长。

加德纳的多元智能理论一提出就受到了世界各地教育界和家教界的热捧，在中国大陆、日本、韩国等地更是家喻户晓。1999 年我见到加德纳教授时告诉他：“你在中国的名声要比在美国大多了。”他笑着回答说：“那我是不是要感谢你传播我的理念？”我说：“不是啊，是你的理念在中国对家长更有吸引力。”

其实，加德纳强调开发多元智能，就是让每个孩子都能找到自己的亮点，而不是追逐别人的亮点。

岳博士智慧家长小贴士

怎样识别孩子的智能特长

一般说来，有某种天赋的孩子会对自己喜爱的活动表现出异乎寻常的热情和素质，如绘画、乐器、舞蹈等。下面举几个事例：

- 有音乐天赋的孩子会在听某首乐曲时反应强烈，甚至可以过耳不忘，很快记住音乐旋律。
- 有运动－舞蹈天赋的孩子会根据某种音乐或舞蹈即时做出有节奏的身体动作，并表现出超乎寻常的技巧性、柔韧性、灵活性。
- 有绘画天赋的孩子会对画面记忆清晰，在画画时也大小比例适当，观察力敏锐，对色彩、造型有较强的辨别力。

- 有语言天赋的孩子会在说话时表达生动，表情多样，乐此不疲，而且博闻强识。

兴趣班选取的注意事项

怎样与孩子一起科学地选择兴趣班，我给大家提几点建议：

观察孩子的兴趣

遵从孩子内心的呼唤，无论是唱歌、跳舞、弹琴、绘画还是跆拳道，都应该是孩子愿意学什么就学什么。而且报名的时候，家长要与孩子达成一份家庭契约：这事是你要做，我才给你报名的，你可别轻易放弃。孩子做自己感兴趣的事情，可以激发与提高他的内驱力。

培养孩子的定力

家长千万不要小瞧兴趣班对孩子人格塑造的影响，特别是对其定力的培养。孩子能坚持从事某项兴趣，就不仅仅是才艺培训，还是毅力养成。孩子能不厌其烦地做一件事情，一定是孩子的心流体验。

征求孩子的意见

家长在孩子的兴趣班选择上，要以孩子的智能为基础，在孩子身上淘宝，找到他的志趣所在，并做重点培养。

我曾做过一个咨询，一位妈妈一口气给孩子报了 8 个兴趣班，孩子从周一到周日，每天都有兴趣班，使得孩子撑着做人活受罪。我让孩子参与讨论，把兴趣班减到 4 个。剩下的四个班对孩子来说才是真正的兴趣班，孩子能全身心地投入。两年后，我遇到那位妈妈，她告诉我幸亏当时我给孩子做了规划，孩子自己选的兴趣班现在还在持续，感觉很自信，又有成就感。

总之，每个人都有充分发展其潜能的权利，每个人都具有其独特的一组潜能、知觉、兴趣与目标。家长能做的就是好好挖掘孩子的潜能，并为其提供充分发展的机会。

美国芝加哥大学心理学家米哈里·契克森米哈赖（Mihaly Csikszentmihalyi）在 20 世纪 70 年代提出了心流的概念，是指一个人在自觉自发的前提下，对某一活动或事物表现出浓厚而强烈的兴趣，并能推动自己完全投入进去，把自己的优势发挥到极致，完全沉浸其中的状态。心流包含愉快、兴趣、忘我等情绪，同时伴随着高度的兴奋感和充实感，是一种比性和巧克力更让人迷醉的体验。在这种状态下，人完全意识不到时间的流逝和周围环境的变化。

孩子兴趣变志趣的最高境界，就是孩子做事情全心投入、全力以赴，不需要父母提醒，也不需要老师敦促，一切都发自内心。总之，筑梦的目的就是帮孩子变兴趣为志趣，并与孩子共享梦飞民（见表 10–1）。

表 10-1 兴趣和志趣各自的特点

兴趣的特点	志趣的特点
爱好切入 缺乏梦想 缺乏规划 随其发展 无人指点 随意投入	爱好优选 附加梦想 全面规划 深入发展 贵人相助 长久投入

◎ 岳博士咨询经验分享

我让小弟变兴趣为志趣

每次上家长课程，讲授怎样让孩子成才的话题时，我都会问家长以下问题：

你家孩子喜欢什么科目？

你能为你家孩子的专长搭建什么平台？

你能为你家孩子的专长寻找什么贵人？

你能让你家孩子从专长中培养什么良好品质？

小弟是我一个学员的儿子，当年9岁。一次上课，这个学员带着小弟来了，并让他在一边静静地做手工（按照模板制作一架飞机模型）。就这样，我上了一天的课，他做了一天的手工，最后很喜悦地给我们展示他的成果。我除了赞美他的乖巧外，还在与他的交谈中发现了他的5个优点：

1. 专注力好：全天下来6个小时，他一直在全神贯注地做手工，这对于同龄的男孩子来讲十分特别（6～9岁的男孩子普遍坐不住，专注力只有同龄女孩的一半）。

2. 执行意志强：做事坚持到底，不会轻易放弃，做则必完成。

3. 善于提问：对于不懂的问题会主动找妈妈求助，而不是傻等或盲干。

4. 手巧灵活：对照说明书，按部就班地独立完成。

5. 乐在其中：对于自己喜欢的事情乐此不倦，心流涌动。

我这样总结孩子的表现，令小弟的妈妈十分惊喜，因为她虽然给孩子买了许多手工制作的玩具，却从来没想过孩子会在其中表现出这么多优良品质。

接着，我又问了孩子在学校的表现，小弟妈妈说孩子学习成绩较为一般，但是对自己感兴趣的科目表现得很热情，成绩也好一些。我问孩子平时喜欢什么科目，孩子说喜欢数学和美术。我想了想，问孩子将来要不要做一个航天员或飞行器设计师。孩子说自己对航天员很感兴趣，所以才经常让妈妈给他买有关飞行器的手工模型自己做。因此，我告诉小弟妈妈，孩子的人生梦想已经有了雏形，关键看家里怎样加以扶持。看着小弟妈妈一脸困惑的样子，我又提了5个问题让她思考：

1. 手工制作中的创造力开发：怎样在现有的手工材料上增加内容，让作品更有特色？

2. 手工制作中的未来发展：怎样一步步做强做大孩子的航天兴趣，让他将来就读航天方面的专业，真正成为航天工程师，或者飞行员、航天员？

3. 手工制作中的贵人相助：怎样拜见名师以求指点，包括学校的任课老师，甚至是大学老师、工程师等？

4. 手工制作中的平台打造：怎样了解并报名参加相关的知识竞赛、科目竞赛，让孩子在追逐兴趣的过程中获得巨大的成就感和愉悦感？

5. 手工制作中的专业培养：怎样在对兴趣的追逐中选择自己愿意就读的学校（建筑院校、航天院校）和院系（建筑设计、航天物理）？

小弟妈妈听了我的话有些迷茫，喃喃地问我："这孩子的兴趣爱好能有那么大的发展吗？而且保不齐将来孩子还会有什么新的兴趣爱好会取代现在的兴趣爱好？"

我告诉小弟妈妈，她可以给孩子眼下的兴趣不断升级，提升难度，看看他能坚持多久。他坚持得越久，就说明他的兴趣越有可持续性的发展可能。如果真是那样，那孩子就早早地完成了由兴趣到志趣的飞跃，他的爱好就是他的追求，家长需要做的就是与孩子共享梦飞，力所能及地给孩子创造更好的条件。

小弟妈妈听了我的话深深地点点头说："今天听你这么讲，真是脑洞大开，原来孩子的兴趣爱好中竟藏了这么多的育儿密码。"我接着告诉小弟妈妈，其实她帮着孩子变兴趣为志趣，还有以下5个好处，这包括：

1. 创造家庭共享空间：家长可以与孩子一同做手工，增进亲子关系。

2. 带领孩子参观博物馆：带着孩子参观本地和外地乃至国外的博物馆和图书馆，拓展孩子的知识面。

3. 让孩子学会自学：孩子在追逐兴趣的过程中，能增强自学能力和独立思考的能力，包括查阅书面资料和网上资料的能力。

4. 让孩子反哺家长：孩子学得多必然懂得多，让孩子教家长有关航天的知识，也能增强孩子的自信心。

5. 让孩子学会主动求助：孩子的发展会很快超越家长的能力范围，孩子要学会主动求助，调动各方面的资源来实现自己的梦想。

小弟妈妈听了我的话，那一刻眼睛都亮了，不停地点头说："岳老师，我家孩子才9岁，你给他的人生规划已经到了19岁，你想得真是远啊！"

我回答说："其实我只是给你展现了怎样将兴趣变为志趣，至于孩子将来是否配合，就看孩子自己未来的发展了。但你家孩子做事有定力，有执行力，还有独立行动的能力，这是他将来的成功资本。"

小弟妈妈最后说："我以前看孩子一身毛病，今天我真是开窍了。你在课上总是说，孩子都是自带资源的，今天我彻底明白你在说什么了。"

第十一讲

理解孩子的厌学情绪

小华妈妈诉说道:“我的女儿今年应该上高二，不知道为什么她不想上学了，不管我们怎么鼓励、劝说、批评和教育，她就是不上学，我们没有办法就给她办了休学手续。孩子在家都快一年了，不出家门，待在家里上网、看书，大部分时间在发呆，偶尔也会哭泣。我们也带孩子去了医院的心理诊疗科。医生说孩子抑郁，开了百优解之类的药物，孩子不愿吃，每次都要劝说半天她才勉强吃，但药物治疗持续一周后，孩子觉得没有效果，就坚决抵制，再也不吃药了，抑郁、哭泣的情况更为严重了……”

怎么学着学着就抑郁了

据2021年发布的《中国国民心理健康发展报告（2019—2020）》显示：

小学阶段，抑郁检出率约10%，其中重度抑郁检出率约1.9%～3.3%。

初中阶段，抑郁检出率约30%，其中重度抑郁检出率约7.6%～8.6%。

高中阶段，抑郁检出率约40%，其中重度抑郁检出率约10.9%～12.5%。

所以，上至国家，下至家庭，关注中小学学生心理健康，加强中小学学生生命教育，引导中小学生“珍惜生命，拥抱阳光”成为学校和家庭教育的必修课。

厌学是一种情绪，是学生对学校生活失去兴趣，产生厌倦情绪，对学习表现出冷漠和消极状态。厌学心理较轻的学生往往人在学校，只是心厌烦学习而被动地跟着。而逃学、拒学是厌学心理发展到较高阶段的逃离学校生活环境的行为。

拒学具体指学龄期儿童以及青少年不愿意（拒绝）到学校上学的一

种状况，是学校出勤问题（school attendance problem）的一种类型。其突出表现有：长期缺课，情绪困扰，但不反社会。在厌学—逃学—拒学的链条中，孩子一般都会历经间歇性请假到长期缺勤的历程，并伴随一系列生理和心理的不适特征。

无效学习会导致“学习肌肉拉伤”

众所周知，肌肉拉伤泛指肌肉在运动中急剧收缩或过度牵拉而引起的损伤。拉伤部位会剧痛，用手可摸到肌肉紧张形成的硬块，局部肿胀或皮下出血，活动明显受到限制。“学习肌肉拉伤”，指一个人在长久的学习压力环境下，心有不甘，力有未逮，乃至最后发展出习得性无助，丢失了当初的学习动机和自我效能感。

身体肌肉拉伤的恢复，就是让受伤的肌肉处于松弛状态，避免进一步的拉伸，并慢慢恢复拉伸或收缩，注意休息，经常用暖水袋热敷或者洗热水澡。同样，学习肌肉拉伤的恢复，也需要必要的学习休整，绝不能硬撑着学习自己十分费解的科目。延长学习肌肉拉伤的康复阶段，最终也许会形成习得性无助。

在学习肌肉拉伤的情况下，如果硬着头皮学，可能导致情绪彻底崩溃，人格彻底解体，最终出现精神障碍。

拒学是综合征

眼下孩子由于学习压力较以往大了许多，所以厌学情绪相当普遍，最严重的表现就是拒学综合征（school refusal syndrome, SRS）。

拒学综合征主要有行为、心理和生理三个方面的表现：

在行为方面，拒学的行为一般都是逐渐显现的，开始的时候总与假期的结束相联系，孩子在上学前表现出恐惧、哭泣、惊慌、抱怨和自我折磨等行为。

在心理方面，拒学的学生都具有明显的苦闷、烦躁、抑郁、焦虑、精神错乱等心理特征。

在生理方面，拒学的学生经常伴有头昏、惊颤、胸痛、腹痛、恶心、呕吐、腹泻、关节痛等症状。

拒学的孩子其生理年龄虽然越来越大，心理年龄却越来越小。但凡感觉不如意，就想放弃，想做的事情不能持久。特别是在家庭关系上，一方面觉得愧对父母，想让他们高兴起来；另一方面却难以付出持久的努力，并不断将这一行为合理化。这就是典型的去人格化，使得孩子越来越退行。

总之，有拒学综合征的人很容易变得情绪两极化、人格边缘化。对家人时而表现得很抗拒，时而表现得很亲切，自我状态很不协调。表面上给人感觉似乎很有主见，愤世嫉俗，事实上是完全自我的合理化或我行我素，难以正常与人交流，表现出极强的外在或内隐的攻击性。

四种学习状态

如果我们以成就高低作为横坐标，动机高低作为纵坐标，那么我们就可以把学生的学习状态分为四种类型：好学族、跟学族、厌学族、拒学族（见图 11–1）。

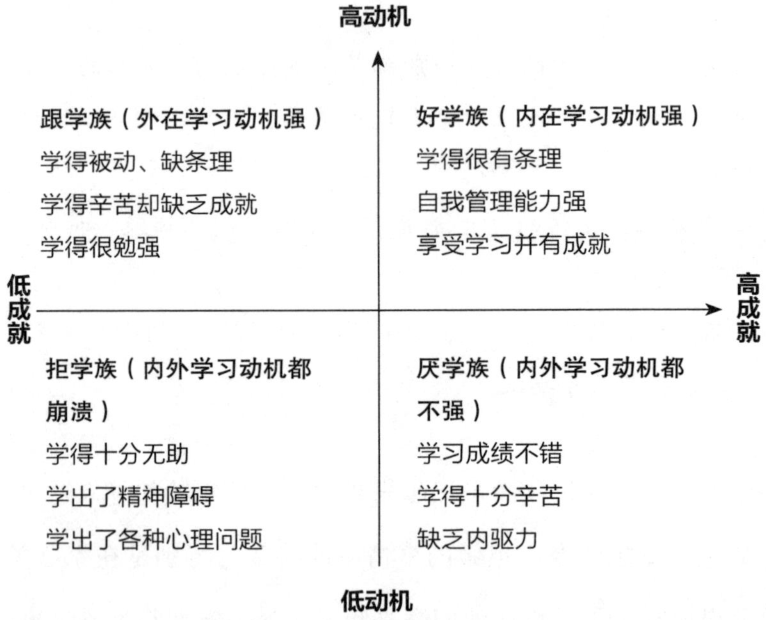

图 11–1　学习状态图

好学族

这类学生全心投入学习，堪称“学霸”。他们有学习的内驱力，常在学习中获得心流体验，并乐此不倦。他们需要不断的认可和自我激励。

跟学族

这类学生通常在外界的要求下学习，缺乏成就感，堪称学伤族。他们在学习上很被动，常常无章法，缺乏条理性和有效的时间管理。他们常表现出习得性无助的特征，对学习成绩的好坏感觉麻木。他们需要不断被激励，需要探索学习策略、学习方法上的突破。

厌学族

这类学生虽然感觉到学习艰辛，但仍继续学习。他们在学习上成绩往往表现很好，但他们缺乏内驱力，不能在学习中获得心流体验。他们需要持续的理解、鼓励和自我激励。

拒学族

这类学生因为无法持续应对学习或学校的压力而彻底拒绝返校。他们在情绪上和人格上都出现了一定程度的障碍性表现，如情绪低落、郁郁寡欢等抑郁症的表现，极端玩耍、撒泼打闹等人格退行①的表现，以及自我分裂、行为极端等人格解体②的表现。他们都是因为不愿再面对学习或学校的困境而坚决逃学的。他们需要专业人士的帮助，甚至治疗。

据我本人多年的调查和观察，这四类学生的分布如下：

在初中，好学族、跟学族、厌学族、拒学族的比例大概为30% ~ 35%、

---

① 人格退行（regression）泛指个人在极度压力的状态下，其思维、情感、行为会变得极为幼稚化或简单化。如思维零乱、动作幼稚、做事情极端任性和不通情理。

② 人格解体（depersonalization）是一种感知觉综合障碍，其突出特征为自我关注增强，感到自我的全部或部分似乎是不真实、遥远或虚假的，感觉自己不再是同一个人了。

20% ~ 25%、41% ~ 42%、3% ~ 4%；在普通高中，好学族、跟学族、厌学族、拒学族的比例大概为 40%、15%、43%、2%；在重点高中，好学族、跟学族、厌学族、拒学族的比例大概为 45%、10%、44%、1%。

总之，眼下在中学阶段，孩子们的厌学情绪其实相当普遍，而且不分“学霸”还是“学瘫”，所以家长尤其要理解孩子，尊重孩子，学会运用“学习成绩三线评估法”（见第二讲）来激励孩子，让孩子在学习中学会乐观和抗挫。

教育家郑强在评论中国学生的厌学情绪时曾说：“中国的孩子不是输在起跑线上的，中国的孩子实际上是累倒在起跑线上的。可以这么说，中国全民的注意力、社会的注意力都是从幼儿园开始的。我们的孩子历经了小学、中学，走入大学之后，对科学文化的渴望已经所剩不多。他们被榨干了，而且是被迫的。所以到了大学各种各样的问题比比皆是。要知道大学的职责跟中学是完全不一样的。大学是自主学习的时期，主要靠自我的目标树立、自我的管理与不断完善。可没人看了，没人管了，很多学生都不知道该怎样学习与生活了。人生真不是起跑决定的！不太懂教育的人很看重初速度，起跑就是初速度。我觉得我们比较懂教育的人看重的是途中的加速度。我是要教他在途中持续地跑！跑得远，跑得久，比起跑、抢跑重要得多！从根本上讲，教育不是百米冲刺，而是一场场马拉松的接力。”

因此，家长对孩子的学习不能太功利化，只强调此时此刻，到头来揠苗助长，适得其反。

“学瘫”是打不死的小强

现在人们常用“学渣”来描述学习困难的孩子，我很讨厌这个词，因为它意味着当事人自己放弃了。我建议用“学瘫”这个词，因为他们是瘫在那里，还没有放弃，还信奉坚持就是胜利。“学渣”不知道为什么学而厌学，“学瘫”知道学习很重要，就是再苦再累，也要坚持到底。

所以，我非常钦佩那些学习吃力但坚持上学的孩子，他们到了学校，也许老师不待见，也许同学不理会，而他们能做到：悄悄地我来了，偷偷地我走了。“学瘫”是最可爱的人，是打不死的小强！

由此，我也劝家长们对于学习困难的孩子少斥责，多理解，不要总是看到孩子没有做到什么（如某科成绩不够好、作业有些拖拉等），而要看到孩子已经做到了什么（如每天坚持上学、受了委屈也不抱怨等）。看孩子的付出多于看孩子的成绩，会让孩子继续上学不松懈，坚持到底不言退。

快感缺失会导致心境抑郁

如果孩子长期处于情绪低落状态，就有可能出现快感缺失（anhedonia）。它泛指人们不能体验到愉悦或对快乐体验能力下降，这是抑郁症的核心症状之一。多数患者表现为以下四种症状：

不能从快乐活动中或让人高兴的事物中获得高兴、愉悦的体验，常诉“明知道是该高兴的，可就是高兴不起来”。

平时的兴趣感体验减退，对外界事物感到兴趣索然，了无生趣，常诉“以前感兴趣的东西，现在都觉得没意思了”。

患者内心对常见的喜、怒、哀、乐、悲、恐、惊等情感体验感受不能，对悲痛哀伤的事情缺乏触动，常诉“我是个麻木的、没有感情的人”。

对外界事物的刺激可能有相应的内心体验，但主观上无法表达出来，常表现为“想哭却哭不出来”。

持续的快感缺失也会导致阈下抑郁的出现。阈下抑郁是指具有抑郁情绪表现，却未达到抑郁症临床诊断标准的一种介于健康和抑郁症之间的心理亚健康状态。与抑郁症不同的是，目前临床上尚无公认的专门针对阈下抑郁的辨识工具，对其也无统一定论，但一般认为是亚临床抑郁、亚综合征抑郁、复发性短暂抑郁、轻型抑郁等。在心理咨询与临床诊断中，常常需借助用于评定抑郁症的抑郁评定量表及访谈观察，来筛选阈下抑郁患者。

家长要注意观察孩子的情绪波动，不要等到孩子出了问题才去求医，要防患于未然，切记预防大于治疗。

岳博士智慧家长小贴士

家长如何识别孩子有无阈下抑郁

一般说来，以下症状达到五个，就可诊断为阈下抑郁。

- 孩子在学校有过遭受排挤和霸凌的经历。
- 孩子经常有不安、失眠、吃不下东西的情况。
- 孩子有突然喝酒或者服用助眠药物的表现。

- 孩子做事不能集中注意力，经常犹豫不决。
- 孩子对之前喜欢的事和物忽然没了兴趣。
- 突然退出家人、朋友的社交圈。
- 经常不自觉地烦躁、易怒或者对别人带有敌意。
- 不自觉地哭泣，还说不上原因。
- 会做出伤害自己的自残举动。
- 有想逃离及自杀的想法。

人格易感性

易感性是一种相对稳定的特质，更多是指遗传素质，即与生俱来的。而教养等环境因素的影响，内化为个体内在的稳定因素时，才能视之为易感性的形成。

人格易感性是一种会使一个人在特定条件下更容易出现心理病理症状的自身素质。通常具有抑郁易感性的个体，在遭遇应激性生活事件时更容易发展为阈下抑郁甚至抑郁症（见图 11–2）。按照美国心理学家约翰·布莱特（John Blatt）的观点，人格易感性包括两个核心部分：一是依赖性，就是强烈渴望被接纳和关注，竭力保持人际关联，否则就会产生无助、虚弱及对被抛弃的恐惧；二是自我批评，就是嫉妒、关注个人的成就感，凡事追求完美，一旦遭受失败，将爆发强烈的自卑、自罪感和无价值感。我们发现，在人格易感性的测量上，女性的得分往往高于男性。

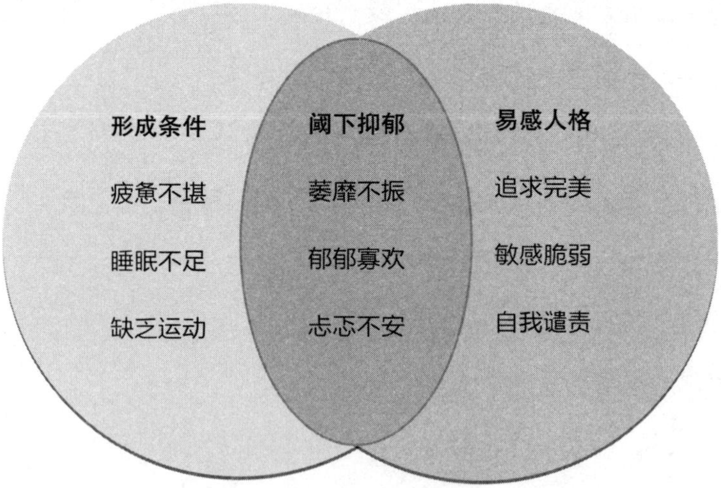

图 11-2　阈下抑郁的产生

依照我的同事王争艳团队的研究，症状之间的相互作用可以被理解为一个网络，其中症状是节点，而症状之间的因果交互作用则是节点之间的连接，这种概念化被称为精神病理学的网络方法。人们无法找到精神障碍的中心疾病机制，因为这样的机制就不存在。换言之，这种症状不是由一个共同的原因引发的，而是由彼此作用引发的。在此当中，症状会形成某种反馈循环，导致患者处于长期症状激活的状态。这既是综合征的表现，也是网络分析法的解释（见图 11-3）。通过这种分析方法，我们可以清楚地观察到儿童问题行为的共发性，表现为内外化问题网络间的紧密关联（见表 11-1）。

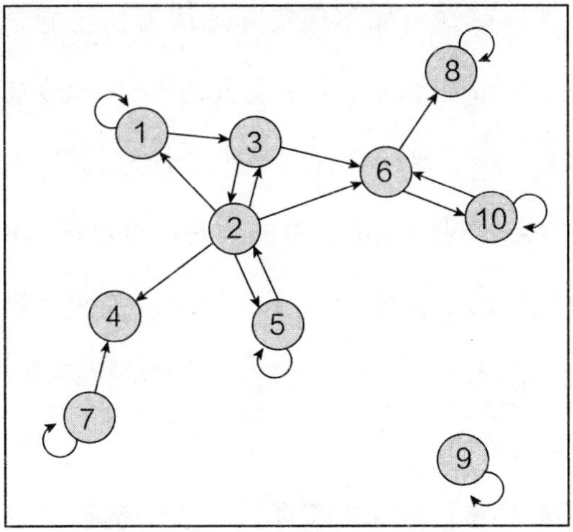

图 11-3　精神症状的网络

表 11-1　精神障碍的多元视角

精神障碍的生物观	精神障碍的心理观	精神障碍的人格观	精神障碍的行为观
器质性病变 神经递质紊乱 5- 羟色胺不平衡 多巴胺[①]分泌不足	非理性思维 消极情绪 自我逃避 自我退行	认死理 自我开脱 自我意识过强 不能换位思维	陋习养成 我行我素 自动化行为模式 自我强化

精神障碍的药物治疗和非药物治疗

孩子精神问题的解决不可能靠一招鲜的方法，而需要借助综合的力量来完成。具体说来，药物治疗只能控制患者眼前的躁狂等的发作，却

① 多巴胺是大脑中含量最丰富的儿茶酚胺类神经递质，可调控中枢神经系统的多种生理功能。多巴胺主要给人带来兴奋和满足，在游戏中它会使人的大脑活跃起来，提升人的紧张度和兴奋度，由此产生极大的欢愉满足。

不能改变他的非理性认知（如不切实际地认为自己能学好或学不好）和极端化的人格状态（如极端的完美主义人格）。而改变患者的非理性认知和不良的人格状态，就需要让其在释放内心愤怒的基础上，调整极端化、灾难化的思维，学会客观、公正、冷静地看待自己面临的困境。

由此，一个理想的精神障碍治疗过程应该包括药物治疗和非药物治疗两大部分，它们之间的关系是互补的，而不是相克的（见表 11–2）。特别是孩子精神障碍（如抑郁症、双相情感障碍）的自我疗愈部分，更需要家长和医生在孩子身上淘宝，梳理发现孩子抗挫中的里程碑事件，挖掘孩子面对困境所表现出来的乐观品质，让孩子成为自我问题的解决专家，找出自我情绪管理的有效方法。

表 11–2　精神障碍的药物治疗和非药物治疗

药物治疗	非药物治疗		
	物理治疗	心理治疗	自我疗愈
三环类抗抑郁药 四环类抗抑郁药	电痉挛疗法 经颅微电流刺激疗法 电休克疗法	心理动力疗法 认知行为疗法 人本支持疗法 家庭治疗疗法	阳光自疗 运动自疗 音乐自疗 旅游自疗 娱乐自疗 冥想放松

总之，家长要做好孩子精神障碍发病的预防工作，让孩子摸索出一套适合自己且行之有效的压力管理和情绪管理方法，及时做好个人的心理排毒和情感垃圾大扫除工作。

保证睡眠是最有效的养生

在第二讲里提到，从 1946 年起，英国的科学家们跟踪调查了 7 万多个孩子的人生，努力发现是什么家庭和社会因素导致其中有的孩子长大后健康、幸福，朝气蓬勃，而有的孩子长大后却贫穷、自卑，苦苦挣扎。2016 年，英国作家海伦·皮尔逊著写了《人生项目》。在这个研究中，英国科学家们也观察了大约 1 万个出生于千禧年的小孩的睡眠时间规律。数据显示，那些不按规定时间睡觉的孩子长大之后比按规定时间睡觉的孩子更有可能出现心理与行为问题。

睡眠的最大作用是补充人体的能量，清理毒素，增强自身抵抗力，促进人体的正常生长发育，使人体得到充分的休息等。特别是对于女性来说，睡眠不良引发抑郁症的概率是男性的两倍。睡眠和运动、饮食一样，都是保证机体生长发育的要素，没有充足的睡眠，机体的能量积蓄、大脑的休息、大脑功能的保护、机体的免疫力和抗病能力等都会受到影响。

学习压力逐渐增大，睡眠时间不断减少，是青少年心理健康的大敌。按理说，13 ~ 17 岁孩子每天的睡眠时间应为 8 ~ 10 个小时，如果睡眠长期少于 8 个小时，则会出现注意力不集中、学习效率下降、饭量减少、心情烦躁等问题。

《2009 年和 2020 年青少年心理健康状况的年际演变》专题报告通过考察青少年的抑郁和睡眠状况在十余年间的演变趋势，发现青少年的抑郁检出率保持平稳，睡眠不足现象日趋严重：95.5%的小学生、90.8%的初中生和 84.1%的高中生睡眠时长未达标。而长期的睡眠不足会导致睡眠神经的紊乱，引发一系列睡眠障碍，如失眠、睡意丧失、嗜睡等症状。

文武之道，一张一弛。休息好了，人才能精力充沛。提升孩子的休息效率，才能使孩子精神好、体质好、学习好。

由此看来，睡眠好是最有效的养生，不仅对成人很重要，对孩子的身心健康也很重要。

身体锻炼是最有效的预防

2018 年，我国发布《学龄前儿童（3 ~ 6 岁）运动指南（专家共识版）》中指出，学龄前儿童全天身体活动时间累计应该在 3 小时以上。虽然数据显示，我国学龄前儿童的运动量基本是合格的，但眼下学龄儿童的整体运动时间是 30 年前孩子的 1/4，20 年前孩子的 1/3，10 年前孩子的 1/2。这是因为父母都忙着给孩子报各种兴趣班和补习班，使孩子没有充足的时间从事体育运动。初三和高三的孩子们忙于备战中高考，更是没有时间进行体育运动，每天疲惫不堪，精神不济，为一系列精神问题与障碍的出现埋下地雷。

运动对人类大脑最强的生长因子——脑源性神经营养因子，具有强烈的刺激作用。脑源性神经营养因子在大脑皮质和海马区含量较丰富，海马区也就是大脑主管记忆的区域。

身体锻炼可增强心肺功能，改善血液循环系统、呼吸系统、消化系统的机能状况。身体锻炼还有利于人体的生长发育，提高抗病能力，增强有机体的适应能力，降低儿童在成年后患上心脏病、高血压、糖尿病等疾病的概率。体育锻炼是增强体质最积极、有效的方式之一。总之，生命在于运动，对学龄儿童来说尤其如此。

苏联教育家苏霍姆林斯基曾言：“不能把孩子的精神世界变成单纯学习知识的世界。假设我们力求使儿童的全部精神力量都专注到功课上，他们的生活就会变得不堪忍受。”我以此话送给各位家长。

提升学业浮力是改善学业情绪的关键

学业情绪（academic emotion）指学生在学习中的情绪状态。德国学者莱因哈德·帕克容（Reinhard Pekrun）等人把情绪的唤醒度水平纳入到学业状态中，以学习的积极性和消极性作为纵轴，情绪唤醒程度的高低为横轴，提出了四种不同的学业情绪状态（见图 11–4）：积极高唤醒学业情绪、积极低唤醒学业情绪、消极高唤醒学业情绪、消极低唤醒学业情绪。这一分类说明了学业情绪对于学习状态的重要性。

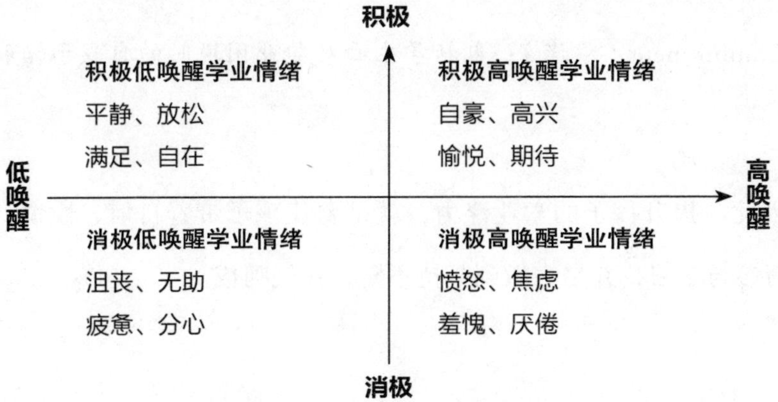

图 11–4　学业情绪状态图

另外，美国学者马丁（A. J. Martin）和马什（H. W. Marsh）根据学生在面对学业困境时能力的高低，提出了学业浮力（academic buoyancy）的概念，它泛指学生能够顺利处理学业上普遍存在的挫折、挑战和困难的能力。马丁和马什提出，培养学生的正面情绪和积极心态是提升学业浮力的关键。这种能力与个人在学业中的积极抗挫、自我信念和正性情绪体验息息相关，使陷入学习的逆流漩涡中的人总会想办法从中漂浮出来，继续向前。马丁和马什提出学业浮力的提升重在培养学生的5C元素，以提升学生学习中的积极情绪，化解学习中的消极情绪，它包括：

Confidence（信心）：包括学生面对学业困境时的自尊、自信和自我效能感。

Co-ordination（协调）：包括学生面对学业困境时的自我协调和自我计划性。

Control（控制）：包括学生面对学业困境时的自我掌控和自我行动性。

Composure（镇定）：包括学生面对学业困境时的自我定力和自我沉静。

Commitment（承诺）：包括学生面对学业困境时的自我承诺和自我付出。

因此，提升孩子的学业浮力，就是要让孩子带着自信、愉悦、轻松的心情参与学习，并尽力做到坚持不懈，一气呵成。

培养孩子学业上的自信心

家长可以从以下四个方面培养孩子学业上的自信心。

培养孩子学业上的自我效能感

家长要注意发现、挖掘和肯定孩子在学习上的努力付出及其成效。孩子需要有坚定的信念，即通过自身的努力可以改善眼下的学习被动局面，虽然这种改善不一定马上出现或如愿所期，但努力付出总会有积极的回报。

培养孩子学业上的自我协调能力

家长要注意培养和肯定孩子个人时间管理、任务管理、压力管理的能力，让孩子从小在学业上有自主性和规划性，能够安排好自己的学习与生活，做到劳逸结合。

培养孩子学业上的抗挫能力

家长要注意培养和肯定孩子发现、克服学业上各种困难的能力，梳理其中的里程碑事件，提升孩子的抗挫能力，让孩子明白不要因为一时的学习困境或成绩下滑就放弃自我的信念和学习的动力。

培养孩子学业上的平衡能力

家长要注意培养和肯定孩子营造良好学习环境与氛围的能力。这包括在学习前清除情绪垃圾，带着愉悦的心情去学习；注意劳逸结合，保证大脑有更多的深度加工时间，对知识进行吸收、梳理；养成专心致志做一件事的习惯，特别是在完成高难度的学习任务时更要保持注意力的集中。

总之，学生欲确保学习有成效，就要尽力带着愉悦的心情和积极的信念展开学习任务，这样才能在学习中一直保持良好的学业浮力状态，掌握学习的主动。

岳博士智慧家长小贴士

培养孩子的作业专注力

孩子做作业费劲，时常会有焦虑反应，如去厕所、喝口水、吃零食、看手机、翻书、玩笔头等，结果大半个小时过去，作业没有做多少。这在很大程度上是出于以下原因：

1. 做作业前准备不足，如，作业资料不全，做题顺序差。

2. 学习基础差，如很多知识点不理解，做不下去。

3. 注意力不集中，如东张西望，磨磨蹭蹭。

4. 作业不用心，如写得慢，常出错，漏字、跳字、串行等。

5. 故意磨蹭，如孩子担心做完作业后，家长还会布置其他作业，所以不想那么快完成作业等。

凡此种种，都导致孩子做作业被动，缺乏计划性和效率性。

对此，家长可注意做好以下几个方面：

1. 创造良好的作业环境，确保孩子做作业时不会受到干扰，能很快进入专注状态。

2. 安排良好的作业顺序，确保孩子做作业时先易后难，做完一项作业再做另一项。

3. 创造良好的家庭氛围，确保孩子做作业时心境平和，不带烦恼情绪。

4. 创造良好的辅导条件，确保家长在辅导孩子时，不给孩子带来额外的烦恼。

我经常提醒家长们，孩子成绩好，本质是习惯好，家长要培养孩子从小养成良好的做作业习惯。

◎ 岳博士咨询经验分享

我让休学的小华回到了学校

小华突然不想上学了，不管父母怎么鼓励、劝说、批评和教育，她就是不上学。小华以高分进入一所著名中学，并开始出现躯体的各种不适症状，奔波于各个医院做相关检查，又周而复始地开药、吃药、复查，可到头来也没有检查出什么实质性的病变。

后来小华的症状越来越严重，而一到考试，小华的症状就更严重。她惧怕考试，上高二以来只考过一两门，没有完整地参加过一次期中或期末考试。她觉得自己一无是处，在家经常暴饮暴食，每次都撑得胃疼，吃完后情绪又急剧下跌，担心身体变胖，陷入“越不高兴越吃，越吃越不高兴”的怪圈。小华变得极为敏感，在情绪不好时会有自残的想法，令家人十分担忧。有时家人打电话她也不接。妈妈想纠正她的一些“错误认知”，却即刻出现争执，吵到元气大伤，母女都感到备受伤害。

无奈之下，家人给她办了休学。孩子在家快一年了，不出家门，待在家里上网、看书，很多时间在发呆，偶尔也会哭泣。家长带她去了医院的心理诊疗科。医生诊断是中度抑郁，开了百优解之类的药物，可孩子不愿吃，抑郁、哭泣的情况并没有因休学而消失。后来她甚至说要自杀，活着没有意思等。一次，小华的父母趁我讲课之际带她来见我，我认真评估了她的情况，发现她有如下症状：

1. 厌学情绪严重：无法忍受上学，经常一想到上学就感到胃部隐隐作痛，往往去学校后又请假回来，直至不能跟上学习进度。

2. 抗拒权威：对权威人物颇为抗拒、反叛，不能接受指令性话语，但其反叛形式颇为斯文、含蓄，很少有激烈的反应。

3. 不愿与人交往：对于老师和同学，不愿深入交往，避免与其接触，尤其不愿一同讨论问题，对表达个人见解感觉不适。

4. 在乎别人的态度：一方面很在乎别人怎么看待自己，

很想替别人着想；另一方面又很执着于个人的想法，不想顺从他人的意志。

5. 暴食垃圾食品：每每遇到烦恼时，就会不断吃薯片、饼干、巧克力等食物来化解烦恼，结果更加烦恼。

小华的状态是典型的拒学综合征的初期表现。对于休学的态度，她经历了一个人格解体的过程，其核心是去道德化和去人格化。小华刚开始不上学时，曾伴有强烈的自责感和负疚感，感觉愧对父母的教养和老师的期望，但随着不上学的常态化，小华渐渐摆脱了这种负疚感对她的折磨，越来越习惯于不上学的事实，直到对此完全无感。

从精神分析的角度来看，小华的人格解体是从追求完美、力求上进的，以“超我”为主的人格状态，蜕化为那种力求解脱、即时满足的，以“本我”为主的人格状态。也就是说，小华原来的人格状态基本上是超我—自我一体化的状态，而现在她的人格状态基本上是本我—自我一体化的状态。这本质上是一种人格退行。

从行为主义的角度来看，小华的人格解体是一个不断强化的历程。也就是说，小华在不上学这件事情上不断获得即时解脱、及时行乐的成功体验，致使她理性上很厌恶自己的人格蜕化，而情绪上接受休学结果。

就认知疗法的角度而言，小华的人格解体也是非理性思维的结果。也就是说，小华对于自己不上学的事实有着种种合理化的认知或解释。比如她不上学是因为弟弟出生导致的，父母的注意力都放在哺育弟弟上了，忽略了她，所以她不上学是对父母忽略她的报复。

此外，拒学综合征还会使人情绪两极化、人格边缘化。对家人时而表现得很抗拒，时而表现得很亲切，自我状态很不协调。表面上给人感觉似乎很有主见，愤世嫉俗，事实上是完全自我的合理化，或我行我素，与不愿意接触的人交流时表现出极大的外在或内隐的攻击性。

面对小华的厌学情绪及由此引发的人格解体，我决定采取成长性咨询的模式为她服务，而不是障碍性咨询或病理性治疗。因为我认为对于这种状态的16岁的孩子，采用非药物疗法比药物疗法更合适。

非药物疗法的实施分三大内容：一是认知调整，意在帮助她改变认知、完善人格、优化行为；二是负性心结的化解，通过意象对话投射技术，帮助她释放潜意识中的负性情绪；三是运用淘宝技术，在她身上找力量，总结对她自己抗压的有效方法，并加以有效实施。

对于怎样帮助小华成长，终极目标是“了解自我，强化自信，引导积极的行动”。在具体实施中，我为小华的个人成长设立了短期目标、中期目标和长期目标，与小华及其家长交流了我的咨询方案，并得到了他们的认可。我鼓励小华做到以下三点：

1.接纳自己的情绪低落，把它当作自己正常的情绪反应，而不是懦弱的表现。

2. 接纳自己的休学状态，把它当作人生历程中的驿站，修正好状态就回归学校。

3. 接纳自己的躯体化表现，把它当作厌学情绪的连锁反应。充分肯定自己采用非药物疗法来化解眼下的烦恼。

同时，我还充分肯定了她主动求助的愿望和努力，并与她一起制订了复学的三步骤，即自学—补习班学习—复课学习计划，并允许她感觉不好时可以选择在家里学习，并非一定要在学校上课。

经过4个多月的努力，小华走出了“上学就是好孩子，不上学就是坏孩子”和“要么就是成绩好，要么就是自己不够好”的两大非理性思维模式，对上学有了更多的自主性和灵活性，不再纠缠于一定要拿到什么成绩，也不再烦恼于浪费了多少光阴，最终参加了高考。在这当中，我不仅帮助小华学会了自我接纳，也让她的父母学会了怎样爱孩子——抓大放小，淘宝筑梦。她由衷地感受到：当父母理解了她，她也就体谅了父母。

第十二讲

理解家长的爱莫能助

我遇到一个年轻的母亲，她有一个 12 岁的女儿。她读了一大堆家教书籍，立志要做个最称职的母亲。女儿小时候，她还是很有成就感的，可女儿一天天长大，却变得越来越不听话。这让她严重质疑自己做称职母亲的能力，也不知道自己还应该读什么书。我告诉她可以读读唐纳德·温尼科特（Donald W. Winnicott）的书，温尼科特会告诉大家一个道理：你做不了完美的母亲，只能做足够好的母亲。

做足够好的父母

家长面对孩子，经常有爱莫能助的挫败感。这可能是因为关系太近，家长多感有心无力，言不由衷。对于这一现象，英国精神分析大师唐纳德·温尼科特提出了做个“足够好的母亲”（good enough mother）的概念[①]。他认为，婴儿在成长过程中，如果没有足够好的母亲，就不可能从快乐原则迈向现实原则。也就是说，母亲做不好，孩子的成长就会受阻，于是他提了一个比较中庸的概念——做个足够好的母亲。

做个足够好的母亲，就是给孩子提供足够的但不是过分的关注，对孩子既不忽略也不过多干涉，什么事情都不极端。对孩子来说，他不需要一个理想的母亲，而需要一个足够好的母亲。

温尼科特，曾在英国 BBC 做了 20 多年的无线广播节目，讲授家教的道理，帮助了成千上万的父母更好地了解孩子的内心世界。他粉丝众

① 温尼科特是客体关系理论大师。他抛离了弗洛伊德的本能理论，认为母亲与孩子之间的相互作用是滋养或阻碍孩子发展的关键。

多，是英国心理学界最早的“网红”。

温尼科特强调，母亲是环境的一部分，她既是孩子的照顾者，也是孩子的管理者。温尼科特说，母亲最初完全能适应婴儿的需求，但随着时间的推移，孩子的能力不断增长，诉求不断增加，母亲开始面对自己的失败，即孩子开始不服管教，不听使唤，甚至逆反，这时候母亲就要调整自我，学会放手、放权，抓大放小，成为足够好的母亲。

母子（女）关系本质上是相互冲突的，既是母亲爱的释放者，也是爱的剥夺者。这种矛盾特质，决定了母亲不管怎么做，都会令孩子不满意。孩子开始时服管，慢慢就开始反抗，不服管，使母亲感觉不被需要了。所以，母亲对孩子越能保持距离感和界限感，就越能维持自己的权威感。

岳博士智慧家长小贴士

培养孩子自主性的五个注意事项

- 母女之间没有界限感，女儿将来就处理不好和婆婆的关系。
- 母子之间没有界限感，儿子将来就处理不好与妻子的关系。
- 母亲对孩子的事情管得越多，就越感到不放心。
- 对孩子的事情不是不管，而是要管得有序，抓大放小，进退自如。
- 放飞孩子是母亲最具挑战性的任务。

家长要学会重构亲子关系

亲子关系再活力化，要求家长增进与孩子的感情，学会放下身段与孩子平等对话，让孩子在被尊重和理解的氛围中自立自强。温尼科特曾说：“倘若孩童将成为成年人，那么这个进展是踩着一个成年人的尸体达成的。”

伴随着孩子长大，亲子关系需要升华

从心理学上来讲，孩子的成长就是走出自我的历程，需要学会换位思维，替别人着想。家长要培养孩子的共情能力，引导孩子在自我和他我之间不断地切换。孩子大了，有自己的主见，势必会与父母产生冲突，亲子关系就需要升华，这叫重构亲子关系。

这当中，家长要学会放手、放权，在孩子的人生安排上，逐渐充当引导者角色，而不是主导角色。也就是说，家长要学会随着孩子的年龄增长，不断退居二线，鼓励孩子自己做主。每个孩子都需要破壳，需要成长，需要自主。孩子要做自己的主，家长的干预肯定会引起孩子的不满，久而久之就变成相爱相杀到天涯的关系，“播种一个婴儿，收获一个炸弹”，而且随时会引爆。

当孩子被骂时，他不吭声是在隐忍，因为家长个子高，辈分大，他只能听着，不敢反驳。从 3 岁到 13 岁，如此“运气”10 年，孩子终于开始“发功”，家长说一句他就顶撞一句，像个炸药桶似的，一点就着，这时，原生家庭成原罪，孩子记仇不记恩。

家长知易行难，自己做不到却要求孩子做到，难怪孩子不服气。比如说孩子玩游戏，被家长训斥，孩子随口说，“你说我玩游戏不对，那你为什么要喝酒？为什么打麻将？什么时候你不喝酒、不打麻将了，我就不玩游戏了……”此时孩子与家长之间只有怨气。

泰戈尔曾言：“爱，是理解的别名。”我以此言送给各位家长。

重构亲子关系的方法

重构亲子关系，主要有以下方法：

关系平等化：当孩子仰视家长时，家长对孩子说一不二。孩子上中学之后，家长就要与孩子共同商讨了，给孩子话语权、决策权、评判权，让孩子能够与家长平视。

责任平摊化：当孩子小的时候，家长对孩子负有绝对责任，吃喝拉撒睡、上下学都是家长的责任。孩子上中学后，家长就要鼓励孩子自己打理人生，凡事自己拿方案、负责任，亲子之间决议共商，责任共享。

说教双向化：家长对孩子的说教由单向转为双向。原来是家长说教孩子，慢慢地孩子可以说教家长，即允许孩子点评家长，这叫反哺。家长越是愿意向孩子请教，孩子也就越愿意与家长共享。

这些过程就是亲子关系的重构过程。家长对孩子严格但不严厉，宽容但不纵容。如此，孩子早早独立，家长退居二线，由主导变辅导，在孩子的人生规划与发展的路上敲边鼓，打掩护，做后勤。家长如此收放自如，孩子将来定能潇洒走人生。

亲子关系重构的最高境界就是亲子之间亦师亦友，我经常给孩子讲以下六句话：

自己的人生自己打理，我只帮你开个头。

今天我对你要求严，是为了明天你成绩能靠前。

今天我能放过你，因为我是你老爸；将来有人不放过你，因为他是你老板。

今天我陪着你一起做，是为了将来你能自己做。

将来你自己当爹娘，你能这么不管孩子，怎么给孩子树榜样？

我感谢你一早能让我向你学习。

俄国著名作家车尔尼雪夫斯基曾言："爱一个人意味着什么呢？意味着为他的幸福而高兴，为使他能够更幸福而去做需要做的一切，并从中得到快乐。"我以此言送给各位家长。

足够好的家长与足美主义的理念

足美主义（optimalism）的概念是由哈佛大学幸福课的创始人泰勒·本－沙哈尔（Tal Ben-Shahar）提出的。他强调人们要做个既成功又幸福的人，因此人们在生活中要追求足美主义，而非完美主义。足美主义承认现实条件的局限，也认定失败是最好的学习途径，通过逆境激发更多的潜力。足美是一种本能地拥抱变化，追求更高、更快、更强的人性本质；只有一直保有这一品质的人存在于世界上，这个世界才能一直向前，这也是人之所以为人的基本。由此，本－沙哈尔呼吁："请停止追求完美，现在就开始过一个更幸福的人生吧！”

本 - 沙哈尔还区分了两种截然不同的人——完美主义者（perfectionist）和足美主义者（optimalist），前者认为人生道路应该是一条直线，而后者则把人生看作不规则的、螺旋式上升的曲线（见表 12–1）。本 - 沙哈尔曾是一位世界级水平的壁球选手，可是一到世界大赛就发挥失常，为此在当打之年不得不退役，心有不甘的他后来开始潜心研究自己遭遇的心理问题。他发现，陷入这种困局的人往往是追求完美但在潜意识中躲避实现过程中的挫折与考验的人，这种人是完美主义者。这样的人认为做事的过程是直线的，害怕失败，易走极端思路，患得患失。这样的人如同把自己关在玻璃屋中，心灵脆弱且具备强烈的防御性，以神经质的行为方式应对不顺心的人与事。

表 12–1　完美主义者与足美主义者的对比

完美主义者	足美主义者
认为人生旅程是直线的	认为人生旅程是曲线的
恐惧失败	视失败为动力
关注结果	享受过程
不成功则失败	胜败都是成长的契机
不能接受批评	能接受批评
自我苛刻	自我宽容
发现缺陷	发现价值
僵化刻板	灵活变通

足美主义，就是既要活在当下，也要活在未来。

人生需要远大目标，这会给我们希望；人生也需要把握当下，因为只有当下才是真正属于我们的。其实，活在当下与活在未来，是同一问题的两个方面，是辩证的统一体。要做个幸福的家长，既要活在当下，也要活在未来，二者缺一不可。过分看重当下，人就容易缺乏进取心，而没有希望的人生很容易走向空虚无聊；但如果过分看重未来，人又容易活得太累，缺乏现实情致的滋养，心情很容易流于疲惫烦躁。依照本-沙哈尔的话，“人如能摒弃完美主义者的极端思维，像足美主义者那样善于接受、适应变化和不确定性，他就会悦纳不完美和失败，迎接成功，并过上更幸福的生活”。

所以，我提倡各位做足美主义家长（optimalist parent），在育子中做到进退自如。这关键在于心之“自如”，即从内心出发，为自我确定一个力所能及且乐在其中的奋斗目标，然后尽力而为，并为之问心无愧。

岳博士智慧家长小贴士

放飞孩子的三个注意事项

家长要学会放飞孩子，以家长的“三放”来换孩子的“三自”：

- 放手：对孩子放手，让孩子学会自主。
- 放权：对孩子放权，让孩子学会自立。
- 放心：对孩子放心，让孩子学会自省。

当然，家长对孩子的“三放”要有所区分，要抓大放小，握重让轻，这样才会进退有据，进退自如。

向孩子学习是改善亲子关系的捷径

在当今时代，家长向孩子请教，既是或多或少的事情，也是或早或晚的事情。而且家长越早向孩子请教，亲子关系就会越早得到改善。

根据我的朋友周晓虹提出的文化反哺理论，在文化变迁的时代，年长一代要向年轻一代广泛学习。也就是说，在知识爆炸的今天，家庭中的教养和教育不是单向的，而是双向的。在日常生活中，家长不明白的事物会越来越多，而唯有不断向孩子学习才能与时俱进，跟上时代的步伐。让孩子反哺家长有以下四大好处：

给孩子表现机会

家长向孩子学习生活技能（如手机使用技能、电器使用技能、游戏技能等）或学科知识（如政治、历史、地理、文学等），都会给孩子很好的自我表现机会，使孩子更加认可自己所掌握的技能或知识。

让孩子增强自信

家长向孩子学习生活技能或学科知识，会给孩子很好的自尊、自信体验，使孩子在家长面前有很大的成就感，这很有可能成为家庭生活中一段美好回忆和里程碑事件。

使孩子能力提升

家长向孩子学习生活技能或学科知识，会提升孩子对所学知识和技能的自我效能感，使孩子更加愿意运用自己所掌握的技能或知识。

为孩子发展助力

家长向孩子学习生活技能或学科知识，会引发孩子对人生规划的积极思考，使孩子更加专注自己所学习的技能或知识。

总之，家长千万不要错过让孩子表现的机会，要在向孩子的学习中改善亲子关系。

哈佛专注力的培训方法

家长都希望孩子有专注力，做事情能够全神贯注，不受干扰。那孩子在做事情的时候，怎样才能做到专心致志呢？希望下面的策略不仅能帮助孩子，也能够对你的生活和工作有所帮助。

我在哈佛大学学生学习辅导处（Bureau of Study Counsel）做实习咨询员时（1990—1992 年），曾给学生们做过提升学习效率的培训，下面介绍六条有关专注力的培训事项：

规划好时间

安排好每天的学习或作业，不要等到自我感觉最疲惫、最烦恼的时候才去做最重要的事情。

制订好任务计划

养成任务管理的好习惯，在某个时段内完成什么任务，要事先做好安排，要按部就班地完成既定的学习任务，而不是十分随意地完成学习任务。

集中好精力

在学习或做作业时，要尽量确保没有干扰的因素，以让自己很快就能进入专注状态，保持专注的势头。

保证好睡眠

要保障自己有充分的休息和睡眠。熬夜读书虽可能在短时间内提升学习成绩，久而久之，必将引发睡眠神经紊乱，导致随时随刻打瞌睡，持续发展甚至会导致抑郁症。

锻炼好身体

无论一天的学习任务多么繁忙，都要保持一定的运动量，以确保个人精力旺盛。在这一点上，每天保持一定的运动量同每天保持一定的睡眠时长一样重要。

放松好情绪

每天都有一定的时间做放松练习，把注意力放在呼吸上，发现走神了就深吸一口气把注意力带回来，别的什么也不用想。如此重复做这个简单的动作，直到走神的次数越来越少，专注的时间越来越长。只要坚持练习，终会提升专注力的。

当年哈佛大学的学子们按理说都应该个个是学霸，但他们当中不少人都有学习拖延症，导致上课专注力不够，作业效率不高。通过学习效率提升训练，许多人都提升了学习效率和学习成绩。

◎ 岳博士咨询经验分享

我让孩子练毛笔字提升专注力

我曾做过一个专注力提升的个案，有个小学二年级的男生，无论是课上还是课下，无论在家里还是家外都多动，注意力也很难集中，无法在规定的时间内完成学习任务和其他事情。老师常批评他，同学也鄙视他。孩子的父母对此非常烦恼和担心，他妈妈便开始学习心理学，希望能够帮助孩子。

一次我去他们生活的城市讲课，孩子的父母希望我对孩子进行评估。我发现孩子的确十分好动，建议妈妈先带孩子去儿童医院进行微量元素检测，看看生理上是否有问题。检测报告表明：孩子体内缺锌，重金属元素铅过量。这是引发孩子多动和注意力不集中的重要因素。由此，妈妈开始适量地给孩子补锌，因为补锌既能帮助排铅，还会对智力发育有帮助。

为了训练孩子静心，控制注意力，我建议妈妈陪伴孩子练书法，并做了其他注意力的心理与行为训练。如注意梳理他专注力表现突出的时刻并加以肯定，以强化孩子提升专注力的信心。在与孩子的交流中，我也要求妈妈有耐心，在孩子出现问题时，不要像往日那样有太多的责备。3个月后，不仅孩子的注意力有了改善，学习成绩开始有提升，亲子关系也变得亲密了。半年后，孩子的注意力有了突出的改善。后来每次我上课，妈妈都会带孩子来参加，他俨然成为心理学的小小爱好者。

第十三讲

培养孩子的应考能力

考场上真正与你较量的对手是你自己，成绩上真正追求的目标是突破，复习上真正磨炼的功夫是心态，答卷上真正决胜的能力是发挥。

考试的三种发挥状态

一般说来，学生考试的临场发挥有三种状态：失常发挥、正常发挥、超常发挥（见图 13-1 和表 13-1）。所谓失常发挥，就是说考生学得多，掌握得好，但考试时运用的知识连考生所掌握知识的一半都不到，考试处于失控的状态；所谓正常发挥，就是说考试时运用的知识是考生所掌握知识的 80% 左右，也就是平时学的东西在考试中基本都用上了，比较如意；所谓超常发挥，就是说考试时运用的知识竟是考生所掌握知识的 100% ~ 120% 左右，也就是说运用的比掌握的还多，创造了考场的奇迹。

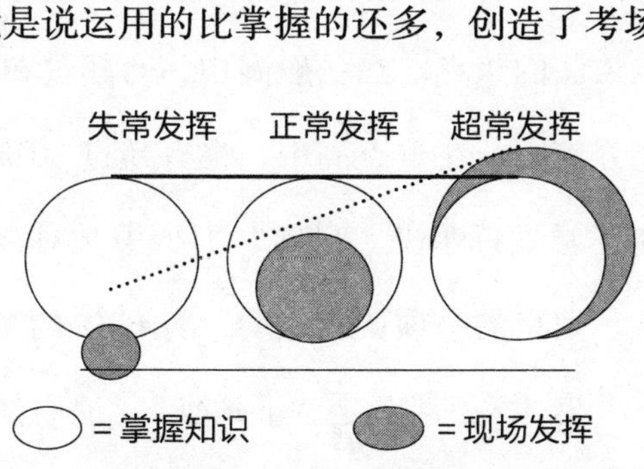

图 13-1　三种考试发挥状态

表 13-1 考试的三种状态描述

考试状态	通俗描述	行为表现	心理学归因
失常发挥	考砸了	思维迟钝、记忆丧失、思路混乱	怵考、焦虑
正常发挥	考好了	思维清楚、记忆有效、思路清晰	自信、镇定
超常发挥	考绝了	思维清晰、记忆敏捷、思路畅通	心理流畅

从心理学角度而言，超常发挥就是考生处在一个高度心理流畅的状态，极大限度地激发了考生的答题热情和能力，并使他非常享受整个考试过程。套用俗话来说，就是考生处于一种“思想在奔驰，下笔如有神”的状态。

心理学还认为，考试的超常发挥也是积极心态的作用。考生焦虑感过高或过低，都不利于考试的临场发挥。特别要注意的是，焦虑也有激励作用，若调适得当可产生神乎其神的能量。

可惜的是，一些考生的中考、高考心态十分消极，充满了负面情绪体验。这是中考、高考成功的大敌。北京的一项调查表明，临场发挥越来越成为高三考生关注的焦点。在一般高中，有超过 50% 的考生对自己的临场发挥没有充分信心；在重点高中，也有超过 30% 的考生十分担心自己在大考时不能正常发挥水平。目前，不少中学对学生缺乏系统有效的心理指导与训练。南京的一项调查表明，有 60% 的考生对高考的感觉是“烦躁”“恐惧”“麻木”，甚至是“下地狱”，他们都盼望能够得到有针对性的心理指导。

由此，欲求在中考、高考中超常发挥，考生首先需要培养积极的心态，树立坚定的信念。

考试需要有适度的焦虑感

心理学认为，适度的焦虑感会激发人的动机和表现，是临场发挥尽如人意的前提和保障。按照心理学的耶基斯－多德森法则（Yerkes-Dodson Law），各种活动都存在动机的最佳水平。动机不足或动机过分强烈，都会使工作效率下降。换言之，当个人的行为动机处于一个最优值时，其工作效率是最高的，而当个人的动机低于或高于这个最优值时，其工作效率都不能达到最佳。这一理论又被称为“倒 U 型理论”。

因此，面对中考、高考，考生既不能过分焦虑，也不能一点不焦虑。适度的焦虑感是考试成功的保障因素之一。考生要将自己的焦虑状态调到合适水平，以确保自己在考试中始终处于必要的紧张兴奋状态中。在这层意义上而言，单纯地讲考试减压是不科学的。考试减压是相对而言，因人而异的——对考试过于焦虑的人要讲减压，但对考试毫不焦虑的人就要讲加压。

无论怎样，在考场上不慌乱就是最大的保障，在考试中不丢分就是最有效的得分。表 13-2 总结了考试中的一些注意事项。

表 13-2　考试中的注意事项

检查注意事项	答题注意事项
我是否带上了所有的考试用具	题没看清就别下手，急着下手必出错
我是否在答题中写错了数 / 字	合理安排答题顺序
我是否在答题中答非所问	阅卷时，给容易忽视的题做记号
我是否在答题中混淆了概念	为集中答题，把疑问之处做个记号
我是否在答题中漏答题了	碰到简单题时要格外小心
我是否自以为容易，匆匆答题	解题力求一遍正确
我是否翻错了页	把做过的题遮住，以便集中注意力
我是否看错了行	答卷时要留空间，不要一开始就写满
我是否忘记写自己的名字	猜题也不能让答案空着
我是否忘记做前面没答的题	考试快结束时，不要做新题

考试超常发挥需要实、技、心三结合

考试要想超常发挥，必须让实、技、心三者相互结合（见图 13-2）。在这里，“实”就是指考生的实力，包括智力和天分、学习能力、习得知识等因素；“技”就是指考生的考试技术，包括考试经验、考试技巧、考试信息等因素；“心”就是指考生的心理调适，包括情绪调控、心理流畅，以及各式各样的心理暗示方法，如音乐暗示、语言暗示、情景暗示、放松练习等。

实、技、心三者之间是相互引发、交互作用的关系。首先要实力到位，实力不到位则无从谈考试的超常发挥，那完全是“空手道”；其次要技术到位，技术不到位则无法避免在考试中出现种种不该出的错误和漏洞；最后要心理调适到位，心理调适不到位则无法把握考试中的心态变化，导致再怎么复习也都可能是徒劳无益的。

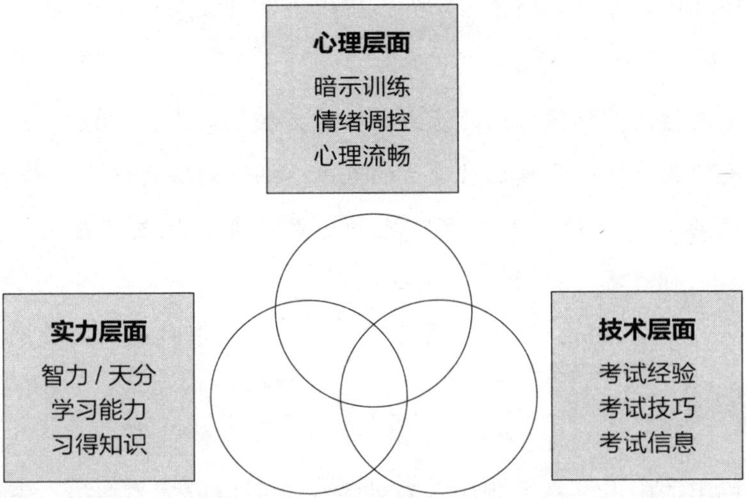

图 13-2　实、技、心三结合

总之，只有实、技、心三结合，才能确保考生在考试中进入心理流畅状态，超常发挥。相反，如果实、技、心三者处于分离状态，则考生无论复习得多么好，都无法避免在考试中出现这样或那样的失误。所以，在应试中实现实、技、心的三结合，可谓中考、高考成功的关键。

积极的心理调适是超常发挥的基础

心理调适，旨在帮助考生养就对中考、高考的积极心态，并练就一套对自己行之有效的心理暗示及放松方法。心理调适的核心在于合理变通，有效自控，就是通过积极有益的调适方法，变恶性刺激为良性刺激，化压力为动力，以最大限度地发挥个人的能量，同时不受种种不良外界因素的干扰。

具体地说，心理调适希望培养考生以下四种能力：

坚定的信念：相信自己的能力与实力，相信自己会尽力而为。

适度的焦虑感：将自己对考试的焦虑感调适到恰到好处的水平。

有效的心理暗示：不断地磨炼出一套对自己行之有效的心理暗示方法。

简便的放松方法：不断地磨炼出一套对自己有效而又简便的身心放松方法。

在每年的中考、高考当中，有的考生之所以成绩不理想，不是因为他们掌握的知识不扎实，也不是因为他们不懂得必要的考试技巧，而是因为他们的心态不佳，不能有效地把握自己的情绪波动，所以导致临场发挥失常。心理调适能力强弱对比见表 13–3。一项研究表明，高考前 90% 的心理问题都是情绪焦虑不安造成的。

表 13–3　心理调适能力强弱对比

心理调适能力强的表现	心理调适能力弱的表现
高度自信，临危不乱 焦虑适度，张弛自如 情绪自控，不失方寸 乐观积极，尽力而为	缺乏自信，遇事紧张 焦虑过分，张皇失措 情绪波动，怨天尤人 自我挫败，易做放弃

岳博士智慧家长小贴士

给孩子的考试自信储值

表 13-4　自信心储值要诀

考前自信心储值三要诀	考中自信心储值三要诀	考后自信心储值三要诀
不要告诉自己考不好，而要告诉自己能考好 不要关注别人的成绩有多好，而要关注自己准备有多好 不要在乎自己平时成绩不稳定，而要在乎自己眼下状态能稳定	少想自己没有答出的题有多少，多想自己已做出的题有多少 少想自己比别人做题慢，多想自己比别人做题更仔细 少想自己考不上大学怎么办，多想自己有没有尽最大努力	已尽力而为，当问心无愧 谁笑到最后，谁笑得最好 潇洒走一回，搏过不再想，想也没有用，莫如不去想

◎ 岳博士成长经历分享

我超常发挥了

1979 年 12 月 13—15 日，我参加了“文革”结束后的第一次高考。那年，我刚好从呼和浩特市内蒙古师范学院附属中学（现内蒙古师范大学附属中学）高中毕业，由于准备十分仓促，所以完全靠平时的积累来应考。

我虽然是应届高中毕业生，而且学习成绩在班内一向名列前茅，但我对自己的实力仍没有信心，担心会考砸。带着这份焦虑，我找到了我的一位高中老师，请他为我做一些指点。不想他在听了我的陈述之后，语气坚定地对我说："晓东，以你现在的准备状态，如果你考不上大学，那么我们学校就没有人能考上大学了。所以，你只要对自己有信心，就会发挥出最佳的水平。"他的话使我感到非常震撼，我想，老师这么看得起我，而我对自己却那么没有信心，真是不应该！我暗自下定决心，一定要在高考中尽力发挥自己的最佳水平，不让老师失望。

带着这份鼓励与期待，我全力以赴地投入高考。第一天考完，我感觉相当不错。但第二天下午考历史时，我因为出门仓促，忘了带眼镜，到了考场之后才发现。又因为那年的考试题是抄在黑板上的[①]，我看不清考题，心急如焚，于是鼓足勇气请求监考老师给我换个位子。他走了过来，亲切地对我说："换位子是不可以的，但我可以把考题交给你，你抄完了再还给我，这不是一样的嘛。"我心头登时涌过一股暖流，连声道谢，继续考试。

由于发生了不该发生的问题，我在做历史答卷时总是有一些心不在焉，时不时地左右观望。不料这使我更紧张，因为我看见周围的人都在专心答题，而我时常走神，这还得了？！虽然最后我答完了所有的题，但我总感到这门课没考好，似乎在场的人都比我考得好。

① 1977年恢复高考，当时各省独立出题。为了防止漏题，当年有的考题是监考老师现场抄在黑板上的。

最后一天下午考英语，这是我的主考科目。因为我当年的梦想就是到北京外国语学院（现北京外国语大学）读英语专业，而且我的外语辅导老师就是从那所学校毕业的。那天考试前，我忽然有一种奇妙的联想——此时此刻我就坐在北京外国语学院的教室里上课，一会儿来的老师不是监考老师，而是给我做英语辅导的那位老师……

带着这份美妙的感觉，我开始了那天下午的答题，感觉出奇地顺手，好像那份考卷就是专门为我准备的。“思想在奔驰，下笔如有神”，这是后来我告诉家人我在考英语时的感受，但我弟弟忽然问我：“那你前两天考试，怎么没有这种感觉呢？”我无言以对。

高考结束，等待成绩的日子实在不好受。不知道为什么，越到后来，我就越对自己没有信心。我给自己估分，估来估去也没超过200分。为此，我感到很沮丧，连门都不愿出。偶尔出门，我好像觉得所有人的眼睛都在盯着我，想知道我究竟考得怎么样。那年，理科的考生先公布成绩。我得知一些同学考过了200分，想着自己可能连200分都过不了，就更加焦灼不安，甚至到了茶饭不思的地步，感觉真是度日如年。而尤令我感到不安的是，如果我辜负那位老师对我的重望，我不知见了他的面，我还能说些什么。

在那些苦恼的日子里，我也会从消极的情绪中抽离出来，去思考一个问题——好好地总结经验，争取来年考个好成绩。

又过了几天，我终于得知了自己的高考成绩——233分。

我简直不敢相信这是真的，因为它比我的估分多了30多分，还超过了本科录取线43分！当年，这个成绩在全校文科考生中名列第一。我的英语成绩是62分，是当年内蒙古自治区应届高中毕业考生中的最高分。

因此，我被当年到内蒙古自治区招生的最好的外语院校——北京第二外国语学院录取。而那年，北京第二外国语学院在内蒙古自治区仅招收了我这一个应届高中毕业生。我甚至觉得我的人生成就没有超过这一刻的！

回首自己当年的高考经历，我有如下感悟：

第一，我感谢那位高中老师对我的鼓励，他的话给了我巨大的激励。现在看来，那是典型的积极心理暗示（属语言暗示），令我对自己的考试能力充满信心，并能尽情地加以发挥。

第二，我感谢那位历史科监考老师对我的理解。他的帮助像春雨一样滋润了我焦虑的心田。虽然当时我感觉自己考得不好，但至少我把题答完了。在这里，那位监考老师等于用真诚理解对我做了很好的心理辅导，令我能够坚持考完。

第三，我考历史时感觉自己考砸了。但后来的成绩表明，我的历史成绩也是相当不错的。那么，回想当初在考场上，我左右环顾，发现别人都在答题，就我走神，我的成绩却不错，这究竟是怎么回事呢？事隔多年，我终于想明白，这是因为我答题虽然慢了些，但都答对了，而别人答题答得快，却未必都答得对。

第四，我英语考得好，与我考前的美妙联想有很大关系。现在看来，那是一种典型的情景暗示，它使得我考前的心境尤其愉悦。我的一些同学之所以高考没考好，很可能是因为他们进考场时的心态不对，要么太压抑，要么太紧张，不像我那一刻感觉那么舒心宁静。

第五，我弟弟当初提出的问题“你前两天考试，怎么没有这种感觉”，让我思索了多年。现在我彻底想通了，它正说明了心理调适对临场发挥的重要性。而这是可以通过个人努力去实现的。毕竟考场如赛场，考的不仅仅是扎实的专业知识，还有个人的心理素质，尤其是一个人的自信。

岳博士智慧家长小贴士

考试积极暗示常用语

表 13-5　考试自我激励话语

中文自我激励的话语	英文自我激励的话语
我今天一定能考好	I will surely do well today
我今天一定能比平常考得好	I will surely do better today
我今天一定要考得尤其好	I want to do super well today
我今天是最好的	I am the best today
今天就看我的	Just see me today

第十四讲　培养孩子的创新能力

一天夜里，一位父亲带着3岁的儿子到外边散步，儿子忽然指着天空中的明月问：“那是灯吗？”父亲机械地回答说：“那不是灯，是月亮。”但儿子还是坚称月亮就是灯，父亲开始觉得儿子很愚蠢，一点都不受教，但回到家中仔细一想，又觉得儿子并没说错，因为月亮确实有照明的功能。“明”字就是日、月相加而来的。由此说来，月亮确实是一盏灯。所以，真正不受教的人不是儿子，而是父亲。而那位父亲，就是我。

做个创新达人

创造力不仅是一种能力开发，更是一种特质培养。要提高一个人的创新能力，也需要培养与创新有关的个性特质。这主要包括探索精神、意志力、观察力、乐观、独立、幽默、开放、富有社会责任感等人格品质。

心理学研究表明，在智力因素相近的情况下，人格因素可能成为影响创造力的关键因素。美国著名心理学家罗伯特·斯滕伯格（Robert J.Sternberg）曾提出创造力的三侧面模型理论，其中人格侧面，由七个因素组成：对含糊的容忍、愿意克服障碍、具有自我超越的愿望、活动受内在动机驱动、有适度的冒险精神、期望被人认可、具有为获得认可而工作的愿望。

我的心理学引路人之一林崇德教授曾提出，创造性人才＝创造性思维＋创造性人格。创造性思维可以被看作一类特殊的自发性思维。具体来说，创造性思维属于智力因素，它有五个特点及表现：

创造性活动表现出新颖、独特，且有意义。

思维和想象是创造性思维的两个重要成分。

在创造性思考的过程中，新形象和新假设的产生带有突然性，常常称为灵感。

在思维意识的清晰性上，创造性是分析思维和直觉思维的统一。

在形式上，创造性思维是发散思维与聚合思维的统一。

我们用以上五个方面的特点作为创造性思维的研究指标。

值得一提的是，我多年的研究表明，完善我们的创新人格，亟需加强对创新中幽默、审美特质的认同，以及对大众化创新表现的追求。怎样培养一个人的创造力？在这里，我建议努力做到“三大回归”。

哈佛大学心理学家特蕾莎·阿马比尔（Teresa Amabile）研究创造力20多年，她发现：

快乐的心情是创造力的必要条件。

有创造力的人比一般人活得快乐。

重大的创造一般都发生在幸福事件之后。

压力、失业和竞争会降低人的创造力。

做创新达人是每个家长给孩子的终极训练。著名科学家爱因斯坦曾言：“想象力比知识更重要，因为知识是有限的，而想象力概括着世界上的一切，推动着进步。”我以此话送给各位家长。

岳博士智慧家长小贴士

陪孩子玩脑筋急转弯的八大好处

脑筋急转弯堪称开发创造力最有力的手段之一，它有八大好处，家长不可不知。

- 培养孩子的开阔思路：让孩子学会另眼看世界。
- 培养孩子的迅速反应：让孩子学会看问题抓特点。
- 培养孩子的幽默心态：让孩子学会笑口常开。
- 培养孩子的乐观心态：让孩子学会积极看待世界。
- 培养孩子的交往能力：让孩子学会广交善缘。
- 培养孩子的言语能力：让孩子学会编段子，讲笑话。
- 培养孩子的观察能力：让孩子学会观察入微。
- 培养孩子的批判能力：让孩子学会善于提问。

所以，家长千万不要低估脑筋急转弯对培养孩子创造力的重要作用。

我倡导“三大回归”

创新这么重要，家长究竟需要怎样培养孩子的创新能力？多年来，我一直倡导“三大回归”，即回归儿童式提问、回归儿童式想象和回归儿童式判断。这样回归童心状态，就可能重新焕发创新思维的青春。儿童对各种事物充满兴趣，对外界事物有探索的渴望和冲动。最具突破性的科学家也并不总是最有天赋的，但他们都充满了好奇心。心理学家特雷莎·阿马比尔说:"创造力的核心是在婴幼儿心中，是一种去探索的渴望与动力，他们不断去发现、去尝试，用不同的方法去解决和看待事物，当他们年龄渐长时，他们就开始将玩耍时的构思转化为现实。"

回归儿童式提问

儿童对什么都好奇，而且提问不惧权威，不受束缚，什么都敢问。孩子感兴趣的问题很多是成人不闻不问的。成人往往顾忌太多，自我限制。

哈佛大学教授霍华德·加德纳一直在从事一项关于塑造20世纪创造性天才的研究，他发现尽管他们在各自领域的成就达到了当时鲜少有人企及的高度，如毕加索20多岁的时候已经取得了非凡的艺术成就，爱因斯坦20多岁时在物理学领域的成就也已不输给任何人了，但他们在工作中始终保持着一种孩子般的新奇。加德纳教授认为:"他们如孩子般善于捕捉外界事物，在各自领域中充当自由的冒险者。"

回归儿童式想象

对于儿童而言，任何事情都是可能的，一切都可以想象。

孔子周游列国时，在燕国遇见一位名叫项橐的小儿，项橐问孔子:"听说孔先生很有学问，特来求教。"孔子笑着说:"请讲。"项橐问孔子:"什么水没有鱼？什么火没有烟？什么树没有叶？什么花没有枝？"孔子听后说:"江河湖海，什么水都有鱼；柴草灯烛，什么火都有烟；至于植物，没有叶不成树，没有枝难开花。"

项橐听后说："不对，井水没有鱼，萤火没有烟，枯树没有叶，雪花没有枝。"孔子闻后感慨地说："后生可畏啊！"从这个故事可以看出，从古至今，在人们的眼中，儿童远比成人想象力丰富，联想力强。

有研究表明，孩子比成人更容易达到创造力的颠峰状态，即兴奋点——完全投入所产生的乐趣并达到创造的顶点。在创造的兴奋中，人会觉得时间每一刻都匆匆而过。这种状态更适合孩子，而注意时间流逝的成人一般很难达到。

回归儿童式判断

回归儿童式判断，就是要多运用直觉思维看待周围的事物。直觉思维没有标准化，没有定势，充满冒险，但往往容易出新。

曹冲称象的故事体现了儿童直觉思维的力量。孙权送给曹操一头巨象，当曹操手下的人没法称出大象的重量时，曹操年仅五六岁的儿子曹冲提议：先把这头大象赶到一艘大船上，待它站稳后，在船舷齐水的地方画上一条线，再把大象赶上岸。之后，把一筐一筐的石头抬到船上，直到船舷吃水的地方与刚才画的那条线齐平为止。只要称出船上那些石头的重量，就知道大象的重量了。

总之，童心是天性的流露，是思维的原始森林，是灵感的源泉。用童心思考，就会灵感迸发，进入创新的境界。所以，要创新，提高创新能力，就要回归童心状态。

◎ 岳博士成长经历分享

做个长相俊美的天才

1986年底，我在波士顿塔夫茨大学攻读硕士学位时，申请了4所大学读博。第一个录取我的是克拉克大学（Clark University），并给了我全奖:4年免学费（前两年每年10,000美元，后两年每年5,000美元），每年再给7,000美元的助学金。这加起来就是58,000美元。几天后，我又收到了哈佛大学教育研究生院的录取信，但只给我资助每年10,500美元学费中的6,500美元，生活费要全部自理。

是去哈佛大学还是去克拉克大学？我当时很纠结：去哈佛大学是求名，去克拉克大学是求财。面对这个两难的抉择，我去找了一位导师，请他帮我拿主意。他看了我带去的两封录取信，又看看我问:“你是要做个长相俊美的白痴，还是做个长相丑陋的天才？”①

我心想我都这么烦了，你还给我做这个脑筋急转弯思考题，便反问:“回答这个问题与我现在的问题解决有什么关系？”

他说你先选吧。我不假思索地回答:“我要做个长相丑陋的天才。”

他回答:“错，再选。”

我机械地回答:“那我做个长相俊美的白痴。”

① 这句话的英文原话是“What do you want to be, a beautiful idiot or a ugly genius?”。

他回答："也错，再选。"

我回答说："我不知道该怎么选了。"

"你就不能做个长相俊美的天才吗？"他回答说。

我说："老师呀，我都烦死了，你还跟我做这个脑筋急转弯的游戏？"

他给我出了一道思考题："你能不能人进哈佛大学，并争取到与克拉克大学同样多的钱？"

我说："这怎么可能做得到？"

他说："去找导师。他录取你，就得想办法帮你。"末了还说祝我好运。

我算是脑洞大开了。

过了几天，我找到哈佛大学教育研究生院的导师，让他看了我的两份录取信，请他帮我想办法。导师看了看我说，"晓东，如果你决定来哈佛读书，我可以让你做我的助理研究员，一个月给 1,000 美元，可先干一个学期（5 个月）。"我快速算了算，每年 6,500 美元加一个学期 5,000 美元，等于 11,500 美元，学费缴了还有富余。而如果干两个学期，就是 16,500 美元，与克拉克大学的奖学金几乎等同。

想到这里，我立即感谢这位导师说："有你这句话，我心里就有了底，我一定要上哈佛。"说完我就要出门，导师忽然叫住我说："你可以到学院的奖学金办公室去问问，能否再给你一些资助。"我说："不是已经给了 6,500 美元，还能继续给？"他说："你再去问问看，万一能多给呢？"

经导师这么一说，我直接去了奖学金办公室，找到主任，讲述了我的困难。主任听完了我的话就问了我一句："年轻人，你有没有拿定主意来哈佛读书？"

我点了点头说："我拿定主意了。"

"那我得到你的确认信会再考虑的。"

我发出确认信3天后，收到奖学金办公室主任的来信，说鉴于我生活困难，决定给我增加每年2,500美元的学费资助。这样学费资助就由原来每年6,500美元提高到9,000美元。导师又让我干了一年的助理研究员工作，第一年两项加起来竟是19,000美元，比克拉克大学第一年17,000美元的助学金还多2,000美元！

做个长相俊美的天才，这是我永久的人生思索。

第十五讲

培养孩子的压弹能力

一天，Betty给妈妈发邮件，想购买一双名牌运动鞋，妈妈当即拒绝，说要等到暑假才给她买，无论Betty怎么求都无济于事。就在Betty为妈妈的拒绝感到无比失望时，她偶然看到室友放在宿舍桌上的信用卡。她转念一想：既然妈妈不给我钱，我何不用室友的卡去买？反正就此一回，谁都发现不了。在这个念头的驱使下，Betty居然真的盗用室友的信用卡买下了自己想要的鞋子……

压弹节节高

压弹节节高，指的是孩子在压力的应对中会愈战愈勇，变得坚韧不拔。

具体地说，压弹（resilience）就是在压力中反弹的能力。按照美国心理学会的定义，压弹指个人面对生活逆境、创伤、悲剧、威胁及其他生活重大压力的良好适应能力，也是个人面对生活压力和挫折的“反弹能力”。压弹原本是物理学的一个概念，泛指物体接受压力时的反弹——弹簧效应。现在作为健康心理学的一个新概念，压弹的含义包括对应激的正面评估及有效应对。其中正面评估指个人面对应激状况时积极、乐观、自我强化式的认知，有效应对则指个人面对应激状况时积极有效的问题解决与困难克服；正面评估可强化人的承受力，有效应对可强化人的反弹力。

与压弹相对应的是压力引发的恶性循环，是对应激因素的不适应，这表现为不断加强的生理应激反应、种种无效行为及心理应激反应（见图 15–1）。

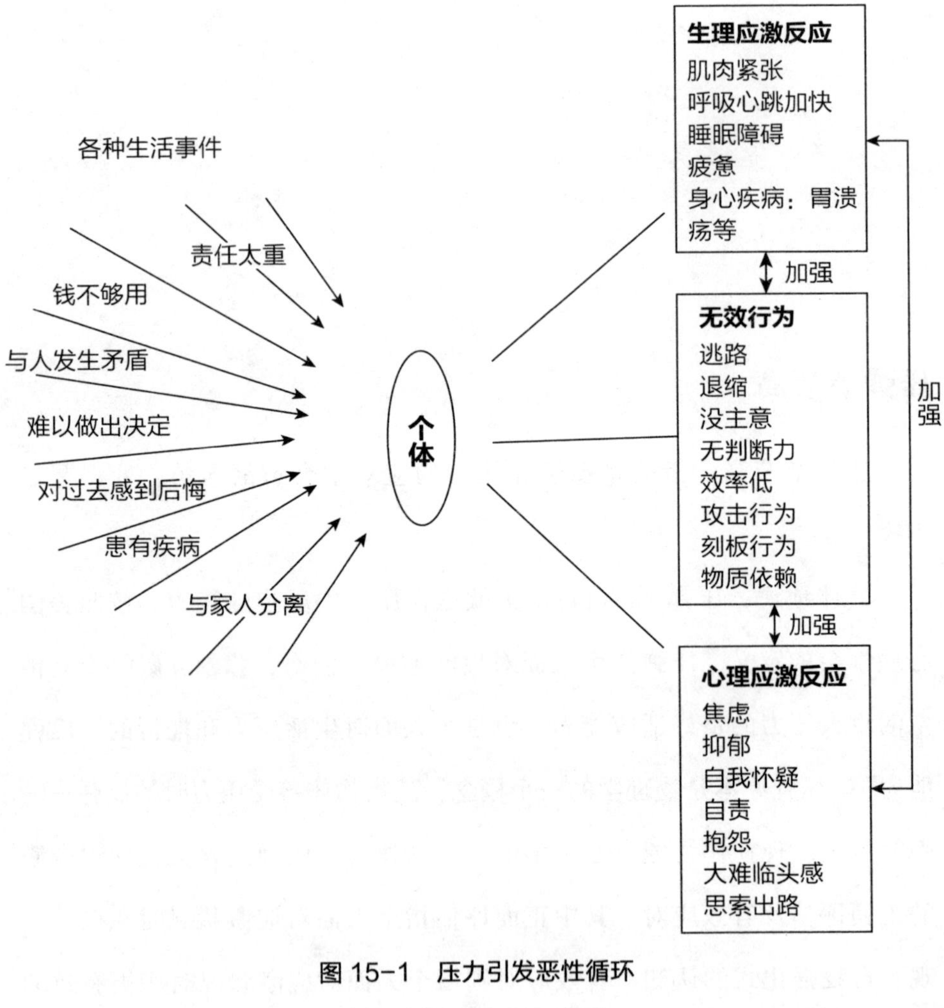

图 15–1　压力引发恶性循环

压力心理学认为：压力的成功化解，在很大程度上取决于个人的心态。换言之，在同等压力下，不同的人会有不同的反应及结果，主要取决于平时应对能力的培养。应对能力泛指个人感知和化解压力的能力。

压力适中才会有最佳弹簧效应

对于压弹的威力，我们可以用压力的弹簧效应来描述。

具体地说，就好比弹簧，当压力过重时，弹簧会因为承受压力过大而失去作用，而当压力过轻时，弹簧会因为承受压力过小而无法产生作用，只有当压力适中时，弹簧才会发挥作用（见图 15–2）。

压力的弹簧效应来自物理学的胡克定律。在物理学中，弹簧受到外力作用时会产生变形，且外力与变形之间满足一个确定的关系。这种关系可以这样说明：在一定的外力作用范围内，弹簧的弹性力与弹簧的伸长（即物体相对平衡位置的距离）成正比例关系。即外力越大，其弹性力也越大；外力越小，其弹性力也越小。

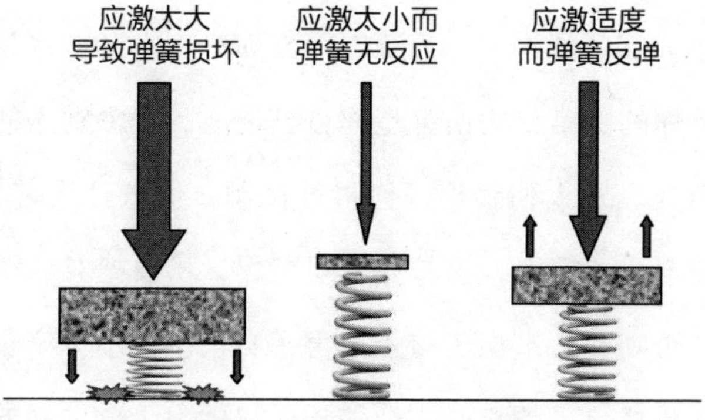

图 15–2　压力的弹簧效应图

心理学研究表明，适度的压力会激发人的动机和表现。而按照耶基斯–多德森法则，各种活动都存在动机的最佳水平。动机不足或动机过分强烈，都会使工作效率下降。换言之，当个人的行为动机处于一个最优值时，其工作效率是最高的；而当个人的行为动机低于或高于这个最优值时，其工作效率都不能达到最佳。

幸福的误区——二次伤害论

人生有七大情绪杀手：抑郁、焦虑、狭隘、嫉妒、易怒、敏感、自卑。焦虑是什么，是把担心当作事实；狭隘是什么，是把小心眼扩大化；嫉妒是什么，是用别人的优点来压制自己；易怒是什么，是用别人的错误来惩罚自己；敏感是什么，是怕别人比自己过得好；自卑是什么，是拿自己的短板去和别人的长处比较。如果我们一天到晚沉浸在某种负性情绪当中，生活就是四个字——徒增烦恼。最后，就会九九归一，归到哪里？抑郁症。

人生当中大部分的伤害，都源自他人而终于自己。也就是第一次伤害是别人带给你的，第二次伤害是你自己造成的，拿别人的错误来惩罚自己，最后自残。别人伤害你，你很难控制；但自己伤害自己或家人，情何以堪？在亲子关系上，家长尤其要警惕，不要把对孩子的不满和怨恨进行到底，否则到头来伤了孩子也害了自己。有不少家长，就是因为不能忍受孩子挑战自己的权威，把孩子逼得做出十分冲动的自残自伤的事情，饮恨终身。

美国加州大学河滨分校心理学教授索尼娅·柳博米尔斯基（Sonja Lyubomirsky）提出，幸福有两大基础：一是在生活中尽量体验正面情绪，二是面对负性事件尽量做出正性的解读。

“江山易改，本性难移”是个迷思

索尼娅·柳博米尔斯基教授提出：一个人的性格，40% 由基因决定，10% 由生长环境决定，50% 由后天的教育、培养及个人努力决定。也就是说，无论一个人原来的人格状态如何，他都有 50% 的空间来改变、完善自己。

以前人们总是说，“江山易改，本性难移”，“三岁定八十”，似乎人生没得改。其实，那都是个人不愿意改变自我的托词，如果一个人真的愿意改变自己，那他一定会做到。心理学上讲的自我实现，本质上就是指个人通过不懈的努力，改变自己不利或不良的人格状态、生活状态及生活现状。

对儿童的人格发展来讲，所谓的成熟，就是孩子从自我放纵到自我克制、从自我中心到利他共情、从自私自利到大公无私的修炼过程，也就是一个人的自我改变、自我实现的历程。在亲子关系上，家长做的所有努力都是为了改变孩子，让孩子变得更自律、更自觉、更自主、更自强。这加在一起，就是在做一个又一个“移性”的希望工程。在这层意义上讲，家长要坚信，孩子都是可以改变的，但家长需要确保的是这个过程不能充满苦涩和煎熬。

◎ 岳博士咨询经验分享

我给盗用信用卡的女生做咨询

我曾做过一个咨询，来访者是个 17 岁的女孩，名叫

Betty。她家境优裕，与妈妈同住。妈妈颇有经商头脑，爸爸是商界翘楚，身边美女更替不断，妈妈忍无可忍，与丈夫离婚。

Betty之前曾在美国一所著名的私立高中读书，学习成绩出色。妈妈对她一向要求严格，也一直限制她在国外的花销，特别是对她想购买名牌服饰的请求，大多是予以拒绝的，还常常劝她要忆苦思甜，学会过勤俭节约的生活。

一天，Betty给妈妈发邮件，想购买一双名牌运动鞋，妈妈当即拒绝了，说要等到暑假才给她买，无论Betty怎么求都无济于事。就在Betty为妈妈的拒绝感到无比失望时，她偶然看到了室友放在宿舍桌面上的信用卡。她转念一想：既然妈妈不给我钱，我何不用室友的卡去买？反正就此一回，谁都发现不了。在这个念头的驱使下，Betty居然真的盗用室友的信用卡买下了自己想要的鞋子。

一个多月过去了，Betty发现室友对她没有任何怀疑，就放心了。她还发现，室友有时会把信用卡放在自己书桌的抽屉里，而且抽屉经常不上锁。就这样，Betty决定再次盗取室友的信用卡进行消费。为了不被室友发现，她没有购买任何大件，只是在便利店买了一些简单的生活用品。从那以后，她常常会观察室友的抽屉里有无信用卡，如果有就会趁机消费一把。可没过多久，室友发现自己的账单不对劲，就找到店铺比对账单，又通过监控发现了Betty，直接报了警。

盗用信用卡属于偷窃行为，学校决定开除Betty，并联系她父母过来给孩子办理退学手续。学校这样做是为了换取检方不起诉[①]。Betty 的妈妈急坏了，连忙飞到美国，乞求学校给孩子一个改过自新的机会，但无济于事。就这样，Betty 跟着妈妈回到国内，转学到当地一所国际学校继续读书。

此后，Betty 经常与妈妈发生争执。妈妈怪 Betty 太不懂事了，闯了这么大的祸，真是没脸见人，而 Betty 则怪妈妈做事太不尽人情，一点都不懂得爱惜孩子，说她盗用室友的信用卡也是被逼的。此外，两人就申请大学也意见不一，妈妈希望孩子能留在内地或香港读大学，这样便于母女见面，而 Betty 则执意要申请到国外读大学，绝不留在妈妈身旁。她们之间几乎小吵天天有，大吵隔天有。

无奈之下，妈妈经朋友介绍带着孩子来找我做咨询，希望通过我的帮助让孩子彻底觉醒，不要再做自我伤害的事情，也多听从妈妈的意见。我为孩子做了六次咨询，其中两次是妈妈与孩子都在现场。

第一次见面，Betty 就对妈妈的忧虑一脸不屑，说："我已经吸取教训了，以后也不会再做了，好不好啊？别再提了，真是烦死了！" Betty 妈妈则对我说："你看看这孩子，哪里有点吸取教训的样子？每次跟她谈教训，就是这个态度，我也是烦死了。" 见状，我请妈妈先出去等一下，让我与孩子单

① 由于盗刷金额很少，Betty 被指控轻罪（misdemeanor）。对于这类情节较轻的违法行为，美国法律规定可以通过行政处罚或经济处罚换取检方不起诉，但需要签署缓刑条款（suspended sentence），如 3 个月内不再犯罪，即可去除犯罪记录。

独聊聊。

待妈妈出门后，Betty 竟告诉我：“岳博士，你知道吗？惹我妈生气是我最大的快乐。”

我问：“你这样做感觉很爽，图什么呢？”

Betty 说：“因为我实在是受不了我妈的啰唆，又不能反抗，只能默默地忍受，所以我做出一些令她不爽的事情，使她大发雷霆，我才有一种快感。”

“那然后呢？”我问 Betty。

“后来我再想方设法躲开我妈，去美国读书是我最大的躲藏计划，本来执行得挺好的，不用听她啰唆了，也不用讨好她了，结果因为一念之差，又回到了她身边，真是每天烦死了！”Betty 心有不甘地诉说着。

“你说一念之差指的是什么？”我问。

“就是没有管住自己，盗用了同学的信用卡，明明知道早晚会暴露的，却守不住自己的歹念，结果沦落到今天的地步。哎，我真是后悔死了。”Betty 回答。

Betty 还告诉我，她不仅盗用过同学的信用卡，也在商店里小偷小摸过，只是一直没有被发现，现在想来真是后怕。做这一切，用 Betty 的话来讲，都是为了解气——解妈妈不断限制她、打压她、羞辱她的气。

Betty 在说这些事时，脸上没有显现出丝毫的羞耻感，反而给人感觉是在津津乐道地描述人生的某些成就。难怪她妈妈会指责她对被学校开除缺乏最基本的反省。这一方面说明孩子的心智还很不成熟，另一方面也说明妈妈以往的沟通模式给孩子带来深深的伤害，造成了她今天的反叛。换言之，Betty偷盗的不是生活中的日用品，她实际上不缺这些日用品，她偷盗的是战胜妈妈的感觉。

为了帮助Betty从挫败中崛起，我为她确定了“强化责任心，提高情绪管理能力”的咨询计划，通过发现其优点和里程碑事件来强化其自我向善的愿望和能力。具体地说，面对Betty的自毁行为，我不会像她妈妈那样说个没完，而是不断启发Betty反省，从这次事件中她吸取了什么教训。Betty开始很不耐烦，反问我可不可以放过这个话题。我解释说她说清楚了，我们就不用谈什么了，不然这种烦恼的生存条件还是存在的。

经过两次深入交流，Betty总结说:“这次我的确犯了大错，跌得很重，我再也不会有这样的念头，再也不会做那样的蠢事了，我是真心这么想的。”

我认可了Betty的反省，也明显感受到Betty内心的酸楚。她虽然嘴上不愿多谈，但内心还是无比悔恨的，毕竟被学校开除，朋友圈里也传遍了，估计以前的同学她也不愿再见。在这种情况下，我要做的事情，不是让她再感到羞耻（如她妈妈要求的那样），而是帮她重建自信，争取在学习上再创辉煌，并顺利升入大学。

在后面的咨询中，我鼓励她多寻找自己的优点，如学习勤奋、目标明确、做事很有计划性等，并在此基础上与她一同思考将来可以申请就读什么学校、什么专业。同时，我也鼓励她讲述她一生中的高光时刻，如参加过竞赛项目并拿奖、到国外名校读高中、成绩名列前茅等。这一切都说明她具有很强的学习能力，眼下受挫并不意味着学习能力也崩溃了。

经过这一系列的情绪梳理，Betty放下了心理负担，不再纠结以往的过失，而是认真吸取其中的教训，收拾心情，关注当下的学习。这些都表现出其超强的自省、乐观心态和环境适应能力。她把心思全都用在学习上，希望通过自身的努力申请自己当初梦想就读的学校。在这一过程中，她表现出了很强的压弹能力，心智和道德观也因此成熟了很多。最后，经过持续的努力，她成功申请到了梦寐以求的大学。

Betty的自我救赎，是她积极面对挫折，突破压力，实现反弹的一曲赞歌！

岳博士智慧家长小贴士

帮助孩子做好压力管理

面对生活烦恼和学习压力，家长要引导孩子尝试以下小策略来释放压力。

1. 说除烦恼：通过找一位知心好友或心理咨询师来排解烦恼，获得理解和支持。

2. 写除烦恼：通过写作，如日记、散文、诗歌等来排解内心的烦恼，调整心态。

3. 动除烦恼：通过某项体育运动，如跑步、打球、打太极等来排解内心的烦恼。

4. 唱除烦恼：通过唱歌，如唱卡拉OK等来排解内心的烦恼，调整心态。

5. 笑除烦恼：通过讲笑话、调侃、聊天等来排解内心的烦恼，调整心态，积极生活。

6. 泡除烦恼：通过泡澡，如在自家或洗浴中心泡澡等来排解内心的烦恼，调整心态。

7. 帮除烦恼：通过帮助他人、从事公益活动等来排解内心的烦恼，调整心态。

8. 坐除烦恼：通过放松练习、坐禅、静思、冥想活动等来排解内心的烦恼，调整心态。

9. 玩除烦恼：通过游玩，如旅游、玩游戏等来排解内心的烦恼，调整心态。

10. 睡除烦恼：通过有效睡眠来排解内心的烦恼，以调整心态，积极生活。

第十六讲

培养孩子的玩乐能力

玩乐，既是孩子的天性，也是孩子身心发育的需求。所以，家长要竭力给孩子创造各种玩乐的机会，让他们享受成长的快乐，而不是想方设法去限制甚至剥夺他们的玩乐时间和空间。

警惕青少年的“坐大”现象

孩子是国家的未来，确保孩子健康成长是我们的核心目标。《北京市 2020 年度人群健康状况报告》显示，北京市中小学生肥胖检出率为 15.6%。而在肥胖学生中，高血糖检出率超六成（为 66.6%），高血压检出率高达 1/3（为 30.7%），血脂异常总检出率超出四成（为 43.2%），脂肪肝检出率为 16%，高尿酸检出率为 39.7%。同比某些数值已经超过了成人的检出率。这说明，现在北京市慢性病已呈低龄化趋势，部分儿童，尤其是肥胖儿童，患慢性病风险很高。

是什么因素导致眼下学龄儿童的身心健康出现了一系列问题？概括而言，这与孩子的“坐大”现象关系密切。所谓“坐大”现象就是孩子从早到晚，上课坐着，上兴趣班坐着，上补习班坐着，连玩耍也都是坐着的。孩子从小“坐大”，不仅会影响他们的体质健康，也会影响他们的心理健康。特别是在“宅文化”下，孩子每天不是宅在家里，就是坐在各类教室里，严重缺乏运动和户外活动，导致一系列成人疾病的低龄化。据调查，在中国学龄儿童的兴趣班（见表 16–1）中，小学阶段的静坐类兴趣班与运动类兴趣班的比例大概是 2∶1，初中阶段的静坐类兴趣班与运动类兴趣班的比例大概是 3∶1，而到了高中就基本没有任何兴趣班的存在了，因为孩子们整天穷于应付功课，无暇顾及任何个人兴趣的发展。

表 16–1　静坐类兴趣班与运动类兴趣班对照

静坐类兴趣班	运动类兴趣班
琴类兴趣班	球类兴趣班
棋类兴趣班	游泳兴趣班
画类兴趣班	舞蹈兴趣班
书法兴趣班	跑步兴趣班
写作兴趣班	摔跤兴趣班
运算兴趣班	击拳兴趣班

另据报道，我国小学生的戴眼镜率是 30% 左右，初中生的戴眼镜率已经达到 60% 左右，高中生的戴眼镜率则基本达到 80%，且越是名校，戴眼镜的学生比例就越高。青少年视力严重弱化，不仅会影响他们的学习效率，也会影响他们的大脑发育。东南大学附属中大医院袁勇贵团队曾做过调查，发现久坐不仅与看电脑、玩手机正相关，也与抑郁和焦虑正相关。换言之，孩子在家待得越久，其视力就越容易下滑，而焦虑和抑郁也越容易出现。加强户外运动是抗视力下滑、抗抑郁和焦虑的最有效的方法。

可以这么说，家长最大的认知误区就是觉得孩子学习 1 小时就有 1

小时的收获。事实上孩子一口气学了 2 小时，真正有效率的时间可能只是 40 分钟，而孩子进行了必要的身体锻炼，2 小时的学习真正有效率的时间可达 80 分钟以上。

孩子缺乏运动，疲惫不堪地坐在教室里持续学习，是对孩子身心健康的巨大摧残。缺乏运动会导致种种问题：

缺乏锻炼：长时久坐，疲惫不堪，体质下降。

缺乏乐趣：生活单调，学习枯燥，缺少成就。

精力不支：头脑昏沉，思维迟钝，容易分心。

睡眠不足：睡眠不佳，噩梦不断，辗转反侧。

生活不规律：游戏成瘾，生活混乱，睡眠紊乱。

易感体质：先天脆弱，容易患病，难以调理。

疾病不断：体弱多病，常年吃药，难以治愈。

好在现在的“双减”政策要求减少学校的作业负担和课外补习。其实各个学校在落实“双减”政策时，都不约而同地进行了“双增”，即增加体育课和艺术课的内容。

运动会使更多的血液流向大脑，为大脑带来丰富的葡萄糖，使大脑获得能量，同时能带走氧气吸附遗留下来的有害电子。运动也能刺激蛋白质生成，这种蛋白质可以保持现有神经元的年轻和健康，促进新神经元的生成，增加已有神经元之间的连接。

青少年需要健康的玩乐活动

孩子爱玩是天性，古今如此，举世皆通。但眼下孩子的某些玩乐方式对其身心健康十分有害。例如长时间地玩电子游戏，对孩子的眼睛、脊椎骨、尾骶骨等都会带来相当的损害。

时代呼唤健康的生活方式和娱乐方式，据此我提出了健康玩乐的理论。玩乐作为积极心理学和健康心理学的一个新概念，正在受到国内外学术界的关注。玩乐被定义为“能建构（或重构）一种情境来为自己或他人提供娱乐、幽默或消遣的倾向”。玩乐一般被认为是一种与生俱来的特质，并会给个人的生活注入享受和娱情。

在心理学中，玩乐与快乐和积极情绪的体验密切相关，并能够预防心理、行为和身体的功能问题。玩乐性有儿童与成人之分，儿童玩乐性以儿童玩具为核心，重在娱乐和益智，而成人玩乐性以娱乐活动为核心，重在开心和减压。

近年来，玩乐性已被证明是心理健康、身体健康、个人创造力及学术成就的一个强有力的预测因素，也是提高生活满意度和生活参与度的一个强有力的促进因素。有研究表明，身体活动和活力之间，以及人的玩乐性和生活满意度之间存在相互作用。此外，玩乐性也与生活满意度和主观幸福感存在正相关。在此意义上，玩乐力指孩子们在学习的压力下，还能有足够的玩心、玩性，并以此来缓解学习压力带来的身心疲惫。

总之，眼下的孩子们亟需加强正面、积极、健康的玩乐方式，以提升生命活力，增强身体素质。

法国著名作家罗曼·罗兰曾言："在工作与游乐之间，存在着一种和谐，两者巧妙地结合起来，生活的艺术就在其中了。"我以此言送给各位家长。

岳博士智慧家长小贴士

孩子在不同年龄可开展的运动项目

5岁，这时候孩子的肌肉发育还不完善，只能做一些简单的动作，让孩子多做一些跑跑跳跳的运动就可以了。

6岁，这时候孩子还不能做高强度、长时间的运动，可让孩子参加羽毛球、游泳、舞蹈等项目，滑冰和轮滑，家长也可以带孩子去试试看。

7～11岁，这时候孩子的肌肉开始成熟，也有了团体意识，对于团队运动更感兴趣，可让孩子参加排球、篮球、足球等球类运动项目，而跆拳道、击剑之类的运动项目会对男孩更有吸引力。

12～18岁，这时候孩子的学习开始繁忙，要让孩子多做跑步、爬山、球类等运动项目，也可在健身房做运动。

◎ 岳博士咨询经验分享

以玩促学，我帮助11岁男孩摆脱手游成瘾

小乖是个小学四年级的男孩，成绩一般，作业拖拉，游戏失控。他的爸爸是一位医生，妈妈是一位护士，家境比较

优越。小乖最大的乐趣是玩电子游戏，可以说是手机不离手，只要有机会就开始玩，相反，做作业、复习几乎都是抽空才做的，所以感觉时间非常不够用。

他在妈妈的陪同下来找我做咨询，给人感觉十分活泼、好动，并非常享受别人的赞美。他的学习成绩在班上位居中列，但据妈妈说，只要用心一点，成绩就会有所提升。所以，小乖妈妈的咨询目标就是两个：一是控制玩游戏的时间，每次说好半个小时，就玩到半个小时打住；二是确保学习时间，特别是务求完成每天的作业，不要拖拉，胡乱完事。

对于妈妈提出的两项要求，小乖一再说自己都做到了，只是妈妈没有看到。妈妈承认说他确实大多数情况下都做到了，可就是不用心，所以成绩一直上不去。眼看就要面临小升初，以他现有的成绩，肯定是考不上重点学校的，那将来参加高考也可能考不出好成绩……说着说着，妈妈的眼泪都流了下来。

见此，我请妈妈出去一会儿，单独与小乖聊聊。待妈妈走后，小乖也哭了，他说妈妈总是指责他成绩上不去全是因为玩游戏造成的。事实上，小乖玩游戏没有那么多的时间。他也有看电视、找朋友聊天的时候。我问小乖，他平时喜欢玩什么游戏，他不假思索地告诉我《王者荣耀》，我又问他喜欢扮演哪个角色，他告诉我他尤其喜欢赵云这个角色，接着滔滔不绝地讲述着自己玩这个角色的乐趣……

听着听着，我忽然有一个念头，就是使用代币行为训练来提升他的自控能力。

据此，我与小乖妈妈商讨，可否将她对孩子玩手机的厌恶当作培养孩子自控能力的手段。我的思路如下：

1. 孩子这么喜欢玩游戏，应该把它变成自我激励/奖励的机制，而非打击的手段。

2. 孩子在乎什么，应该认真琢磨，而非简单地打压。

3. 孩子大了，要求他做什么要民主协商，而非单边指令。

4. 孩子学习好坏是他自己的事情，要调动他的主观能动性。

5. 建立家庭契约，亲子双方共同履行。

小乖妈妈开始对此很不理解，质疑怎么可以把玩手机当作自我激励/奖励的机制。我给她讲了心理学的强化原理，包括正强化、负强化、正惩罚、负惩罚四种形式，特别是对于孩子喜欢的游戏，越是限制他玩耍，就越有可能激发他的玩耍行为。这就会给亲子关系带来巨大的冲突，而唯有因势利导，才会使玩游戏变成培养孩子自律的有效手段。

小乖喜欢玩《王者荣耀》游戏，因此，我专门做了研究，也下载了《王者荣耀》，还观看别人玩了几把，知道了其中的要领。我这么做是为了与小乖同感共情，在他的“地界”商讨怎样“以玩促学”。

一天小乖来见我，我提出想看他玩游戏，他愣了一下，怯笑着问我：“岳博士，你真想看我玩？”

我说是真的，接着小乖就打开了游戏，并开始扮演赵云的角色，大加厮杀，很是过瘾。我看着表，他用了 14 分 23 秒就完成了游戏，长吁一口，然后向我大讲特讲玩游戏给他带来的快感……简单说来，就是游戏使他忘却了一切烦恼，上学、作业、考试、兴趣班、妈妈的唠叨、爸爸狠狠的眼神，难怪孩子会痴迷于此。对小乖讲减压，莫过于玩一把《王者荣耀》。我想如果我能给他做个快乐指数的测试，那玩完游戏，他的多巴胺一定会飙升。

看着孩子兴奋的样子，我尤有一丝悲哀，对孩子而言，这么开心的事情，为什么要一再剥夺它呢？特别是眼下孩子们都学习得如此疲惫不堪，为什么不让他们尽情释放压力？！而释放压力的最佳方法之一，恰恰是玩游戏。

一次，我与小乖妈妈聊起此事，顺便问她平时最爱的减压方式是什么。“SPA。”小乖妈妈脱口而出。我接着请她讲述这给她带来的感受，她滔滔不绝地说了 10 多分钟的好处。结论是每周必须做一次，不然浑身上下都觉得不自在。然后我问小乖妈妈，如果现在不让她做 SPA，会有什么感受。“不可能！”她坚定地回答。我接着说：“你限制孩子玩游戏，就像有人限制你做 SPA。”

小乖妈妈瞪大眼睛望着我，喃喃地说道：“难怪玩游戏对孩子那么重要。”我就此鼓励小乖妈妈也陪着孩子玩游戏，感受其中的奥妙，快乐着孩子的快乐。

鉴于孩子喜欢赵云，我专门找高手请教赵云有什么特色，结果发现：

赵云的特点是有多位移，有控制，血量越低越肉，爆发高，颇依赖大招。他的战术是，团战先绕后或者切面进场，找脆皮一套秒，一套打完直接跑，所以只要不吃太多伤害，都可以打完一套就撤。当然，在团战中一定不要把自己当刺客，而是用足秒人技能。此外，赵云也不适合打先手，最好是在团战鏖战期间悄悄摸过去，打完一套就溜。

简单说来，赵云的战术特点是善穿插、搞突袭，经常打别人一个措手不及。

我把这个观察与小乖分享，他笑着对我说："是这样的，你怎么知道的？"接着又说，"我真是太服你了，我爸妈只知道限制我玩游戏，你却和我一起研究游戏，早知道你这么可爱，我早就来见你了。"

我提出我给小乖做咨询最关键的问题：怎么在学习上也搞个穿插突袭，令同学们都对你刮目相看？小乖说："上课认真听讲，下课认真做作业。"我连声称赞，并告诉他："你妈妈说只要你用心学习，成绩步步高，她会给你买更好的平板电脑玩游戏。""真的？"小乖兴奋地跳了起来，连声说，"那我一定好好学。"

就这样，小乖与妈妈经过充分协商，制订了一份"以玩促学"的家庭契约，规定了双方在这一框架的责任，并议定先试行 1 个月。

小乖“以玩促学”合约

小乖经与妈妈协商，就通过以玩游戏来提升学习成绩的事情，达成以下共识：

一、学习方面

小乖为争取提升在班里的成绩排名，会努力做到：

1. 上课认真听讲

2. 作业认真完成

3. 考试认真参加

二、家里配合

小乖会以学为主，娱乐为辅，努力做到：

1. 平日在家玩游戏 40 分钟自动停止，超时不过 5 分钟。

2. 周末在家玩游戏 1 小时自动停止，超时不过 10 分钟。

3. 作业准时完成（晚上 8：00 ～ 10：00）。

4. 早上 7：00 起床，周末可延迟至早 8：00 ～ 9：00。

5. 晚上 10：30 前就寝，周末可延迟至晚 11：00。

三、奖惩计划

1. 奖励计划：一周内，根据合约达标情况，可获得如下奖励：

（1）一周完成所有任务，可奖励周末多玩 1 小时的游戏。

（2）单科成绩考入班上前 5 名，可奖励周末多玩 1 小时游戏。

（3）整体成绩考入班上前 5 名，可奖励一部新的平板电脑。

2. 惩罚计划：一周内，根据不达标的程度，可获得如下惩罚安排：

（1）平时玩游戏延长多少时间，第二天玩游戏相应减少多少时间。

（2）早上不按时起床，晚上不按时就寝，玩游戏时间减少 10

分钟。

（3）一般不履行合约，自我罚站10分钟。

（4）完全不履行合约，自动上缴平板电脑。

四、合约执行

小乖和妈妈各自承诺信守合约，否则合约作废。

五、阶段性评估

亲子双方一起就合约执行情况进行交流，分享感受，给予鼓励，并适当调整目标。

小乖签字：　　　　妈妈签字：

小乖与妈妈的合约整整履行了一年。在这期间，小乖不但没有游戏成瘾，反而学习成绩稳步提高，最后成绩名列年级前10名，考上了市重点中学，真正成“龙”了。因为小乖的出色表现，妈妈也兑现了给他买新的平板电脑的承诺。

更重要的是，小乖妈妈与孩子的关系得到了积极的改善，这在很大程度上得益于妈妈表达方式的改变，她以更加肯定、积极的范式来实施“以玩促学”的行动方案。每当孩子不能履行合约时，她多以商量的口吻提醒孩子。以前小乖妈妈的口吻都是谴责式或者抱怨式的，小乖听起来就头大，想立即玩游戏来宣泄烦恼；现在是赞美式的、理解式的，小乖听了很舒服。用小乖自己的话来讲，以前妈妈从早到晚都在开他的“批评会”，数落他的各种毛病；现在妈妈从早到晚都在开他的“表扬会”，令小乖看妈妈越来越可亲，一如上幼儿园时的感觉。妈妈偶尔开“批评会”，也不会是没完没了地说，而是适可为止，小乖能够听得进去。

小乖妈妈也说，眼下这一年的变化，让她掌握了爱孩子的艺术，也提前结束了孩子“青春期逆反”的烦恼，要是她早知道这些沟通方式，当初就绝不至于与孩子的关系搞得那么僵了。此外，她也学会了玩《王者荣耀》，虽然这并不能使她兴奋，但与孩子有了共同语言。

岳博士智慧家长小贴士

培养孩子规则意识的 CAP 策略

良好亲子关系的建构，既要有积极的情感交流，共情包容，也不能缺少规则意识的培养。美国著名的脑科学家约翰·梅迪纳（John Medina）教授通过大量的实践，制订了一套被称为“CAP 规则培养”的小策略。

讲清楚（Clarity）

家长要表述清晰，不含糊。家长说一件事情一定要说清楚，不要模棱两可。孩子听不明白，也就无所适从。儿童的思维大多是黑白两清的，如果成人说话模棱两可，含糊不清，孩子就难以遵从。如果家长喋喋不休地告知孩子，那孩子就会听过就忘。

能接受（Accepting）

家长要让孩子能够接受。如果家长对孩子的要求太高了，孩子就接受不了，也不会去执行。家长的任何命令，如果孩子并非心悦诚服，他就不会内化。

勤赞美（Praise）

家长要不断地赞美孩子。当孩子做对一件事情，比如说放学回家及时把脱下来的衣服挂在墙上，或玩完玩具就有序地把玩具整理好，家长需要及时表扬孩子。

家长可以通过 CAP 训练方式来提升孩子的规则意识。

第十七讲 培养孩子的幽默表现力

幽默，既是一个人的魅力表现，也是一个人的心理美容。家长要培养孩子的幽默感，并注意区分健康的幽默表现和不健康的幽默表现，让孩子学会以幽默来悦己悦人。

幽默是认知不协调带来的快感

什么是幽默？幽默是一种捕捉生活中乖谬现象的敏感力，也是一种巧妙地揭露人际关系中矛盾冲突的智力，其效果令人发笑、耐人寻味却又不引起反感。

伴随着笑声，人体的许多生理变化可能会对健康产生好处，如肌肉骨骼系统、心血管系统、内分泌系统、免疫系统和神经系统的变化。特别剧烈的笑声如同身体锻炼，可起到放松肌肉，改善呼吸，刺激循环，增强免疫力的作用。此外，幽默也可强化个人的积极情绪状态，增加人的幸福、爱、快乐、乐观等的体验。弗洛伊德曾言："笑话给予我们快感，它把一个充满能量和紧张度的有意识过程转化为一个轻松的无意识过程。"也就是说，幽默能让人在欢声笑语中排解自己和他人的忧愁烦恼，即刻变得开心起来。最重要的是，幽默本身是一种艺术表现，其合理运用，可增进人际关系，改善自我评价。

在家庭生活中，幽默是最好的调和剂，其合理运用不仅可以化解矛盾冲突，还可以培养家庭成员的创造力，使每个人都保持积极乐观的心态。家里幽默常在，则笑口常开，烦恼溜之大吉，怒气烟消云散。

有的父母没有意识到孩子认知能力的差异，喜欢讲大道理，令孩子难以理解。父母从孩子的角度看问题，用形象的比喻和生动的事例来阐述人生的道理，孩子容易理解和接受，也能感受到其中的快乐。这便是亲子幽默的必要性。

幽默是亲子沟通的桥梁

很多父母认为与孩子沟通是一件非常困难的事。有时父母再三叮嘱，孩子还是会一只耳朵进一只耳朵出；有时父母说得入情入理，而孩子则只是默默听着，或者不耐烦地走人；有时父母稍不留神说错一句，被孩子逮到，孩子就得理不饶人，反驳父母半天。面对这样的亲子关系，很多父母都很头疼，却也无能为力。

幽默是与人为善的，是人际关系的润滑剂。而滑稽，我们大都理解为动作上的幽默，或者自贬式的幽默，未必能达到使人际关系和谐的作用。

培养亲子幽默可以在家中营造轻松欢乐、自由自在的气氛，令孩子感觉父母不再是威严不可抗拒的家长，而是非常合拍的玩伴。与此同时，培养亲子幽默还可以令父母收起严肃的面孔，和孩子一起欢笑玩闹，沉浸在童趣的世界。这样的家庭，父母与孩子的关系必然也是亲密和谐的。

而要建立幽默和谐的亲子关系，就需要父母充分尊重孩子的思维方式，理解其认知有限。其实，孩子童言无忌，行为单纯，父母与孩子幽默互动最富趣味，有时甚至需要斗智斗勇。

幽默有好坏之分

加拿大西安大略大学心理学教授罗德·马丁（Rod Martin）提出，并非所有的幽默都是值得提倡的，与人为善和自我赋能的幽默是健康的，拿人开涮和自我挫败的幽默是不健康的。他以积极和消极为纵坐标，以对自己和对他人为横坐标，划分了四个幽默象限（见图 17–1）。

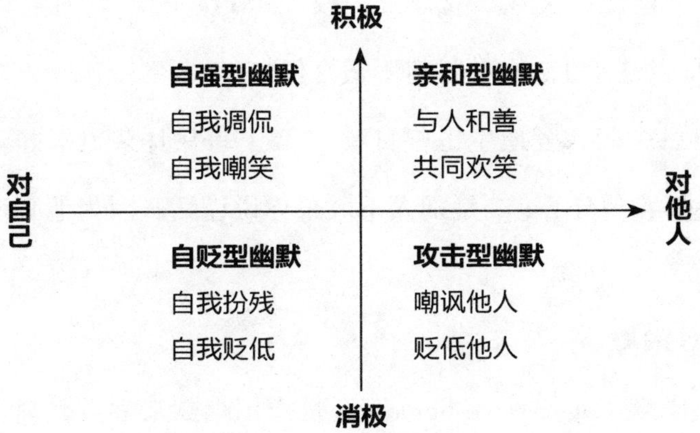

图 17–1　四种幽默风格

亲和型幽默

亲和型幽默（affiliative humor），是指用幽默来促进人际关系，化解人际冲突。

达尔文提出进化论，推翻了上帝造人说。一次他应邀到一位朋友家赴宴，旁边坐着一位年轻美貌的女士。她以挑衅的口气说："达尔文先生，你说人类是由猿变来的，这也包括你和我吗？"达尔文看了看她回答："那当然！不过您不是由一只普通的猿变来的，而是由一只长相十分迷人的猿变来的。"

自强型幽默

自强型幽默（self-enhancing humor），是指用幽默作为自我调侃，表现乐观的人生态度。

美国发明大王爱迪生致力于白炽灯泡的研究多年，却一直无果。一天，有人取笑他说："先生，您已经失败 1,200 次了！"爱迪生坚定地回答："不！我只是发现了 1,200 种材料不适合做灯丝。"

对于自己失聪，爱迪生也曾自嘲："聋了一只耳朵也挺好，一是可以专心致志，不容易分心；二是别人不敢跟你说谎话，因为他必须大声说。"

攻击型幽默

攻击型幽默（aggressive humor），是指用幽默来嘲弄讽刺别人，借以达成某种目的。

美国著名作家马克·吐温一次在酒席上说美国国会中的某些议员是混蛋。此事被公诸报端后，有些议员大为愤慨，要求他道歉。数天后，马克·吐温果然在《纽约时报》登载了道歉启事——日前鄙人在酒席上说有些国会议员是混蛋，此言甚为不妥，现特登报声明，将鄙人的话修改如下：美国国会中的某些议员不是混蛋。

自贬型幽默

自贬型幽默（self-defeating humor），是指用幽默来自我贬抑，以获取他人的同情。

有些人常常喜欢拿自己开涮来博得别人的同情，比如："我就是一个废物，什么也干不了，求你高抬贵手，不要与我纠缠。"

我的幽默研究

在过去的20多年中，我做了大量的研究来检验幽默与不同人格特质和精神健康的关系，发表了英文学术论文30余篇，并出版了英文学术专著一本。我的主要发现如下：

自强型幽默和亲和型幽默与一个人的自信、乐观、自我关爱、主观幸福感和积极情绪体验呈正性相关。

自强型幽默和亲和型幽默与一个人的精神健康状态密切相关，包括低焦虑、低敌意、低抑郁、低躯体化表现、低孤独感等。

自贬型幽默和攻击型幽默与一个人的自信、乐观、自我关爱、主观幸福感和积极情绪体验呈负性相关。

自贬型幽默和攻击型幽默与一个人的精神不健康状态具有一定的相关性，包括焦虑、敌意、抑郁、躯体化表现、孤独感等。

有时我们对于幽默的认知比较矛盾，一方面欣赏幽默给人带来的快乐及其情绪，另一方面又厌恶幽默可能给人带来的不踏实感和油嘴滑舌感。

由此，家长们要看到培养孩子幽默的必要性，并在培养孩子的幽默当中注意区分健康幽默和不健康幽默，鼓励孩子以幽默来展现个人魅力和乐观阳光的心态，不要鼓励孩子以幽默来抬高自己，打击别人。与此同时，家长们也要走出对幽默的偏见，鼓励孩子在幽默养成中开发自我的机智和敏锐。

最后，我想把罗德·马丁教授的一句话送给家长："幽默的本质是通情达理，是对一切存在事物的热忱而温存的同情；它的本质是爱，而不是蔑视。"

四招培养亲子幽默

怎样培养亲子幽默？家长需要抓住以下四个关键点：

欣赏孩子的幽默表现

很多家长都觉得孩子太小，认为他们年幼无知，是非不分，缺乏知识和智慧。事实上，孩子的智慧不可小觑，他们往往有着惊人的联想力和非凡的创造力。肯定他们的能力甚至小聪明，是建立亲密关系的开始。

欣赏孩子的童子心

人说"童言无忌"，那是由孩童特有的心理状态决定的。想要获得亲子幽默的能力，就需要放弃成人的思考模式，学会从孩童的角度去思考问题，以使自己也保持一份童心。而只有巧构了童趣的世界，家长才能与孩子有效沟通，并欣赏孩子的幽默。

积极参与儿童活动

爱玩是孩子的天性，对他们而言，玩不仅是娱乐，更是学习和成长。在一切孩子喜欢的活动中，不放过任何语言交流的契机，并且在交流中继续保持童真和童趣，融入孩子的精神世界。这样才是最有效的亲子沟通模式。

运用孩子的语言表现幽默

家长从孩子的角度，使用孩子的语言，用具体形象的话语进行生动类比，更能牢牢抓住孩子的注意力，拓展他们的思维能力。这不但满足了孩子的求知欲，而且使得沟通更具趣味，从而大大推动了亲子关系的发展。

岳博士智慧家长小贴士

玩脑筋急转弯好处多

要培养孩子的幽默感，我建议家长多陪孩子玩脑筋急转弯，特别是10岁以下的孩子。因为陪孩子玩脑筋急转弯，有如下突出的好处：

1. 培养孩子的问题意识，学会平时多动脑筋，在短时间内集中注意力，开动脑筋来思考生活中看似不可能解决或解答的问题。

2. 培养孩子的反应机制，学会从多角度看问题，既培养孩子的发散性思维，也培养孩子的缜密思维，终而强化对知识面的记忆。

3. 调节孩子的生活情趣，学会以玩脑筋急转弯来调剂或缓解学习压力和情绪，在游戏中化解烦躁或者不开心。

4. 培养孩子的幽默感，学会另眼看世界，凡事都能看到平常看不到的方面，以增强个人的玩乐气质和魅力。

由此，每逢六一儿童节，我都劝亲朋好友给孩子买一套脑筋急转弯，并陪着孩子一同玩耍，借此享受亲子娱乐时间，拉近亲子关系。

亲子幽默互动小技巧

类比争辩

一个小孩问父亲："爸爸总是比儿子知道得多吗？"

"是的。"父亲回答。

"那谁发明了蒸汽机？"孩子接着问。

"是瓦特发明的。"

"那为什么瓦特的父亲没有发明蒸汽机呢？"

"噢，那是因为詹姆斯·瓦特的父亲没有儿子勤奋呀。"

这则幽默非常典型地显示了孩童的辩论能力，很多孩子都是这样给家长下个"套"，然后类推到其他事物，最后使得家长的语言自相矛盾，辩也不是，不辩也不是。不过，父亲的回答巧妙地引导了孩子要勤奋。

换位思考

“你知道我为什么要惩罚你吗，儿子？”父亲问。

“不知道。爸爸，为什么呢？”儿子回答。

“这是因为你打了比你小的孩子。”父亲回答。

“可是我比你小，你为什么要打我呢？”儿子回答。

“所以你要更加明白不能欺负比你小的孩子。”父亲回答。

这则对话幽默地揭示了孩童巧妙周旋的能力，明明是犯错了被父亲惩罚，却反而以受害者的姿态去驳斥父亲的行为。对此，父亲没有简单粗暴地对待他，而是与他玩换位思考的游戏，令孩子深刻体会被欺负的感受。

转移概念

“爸爸，我长大了要当一名北极探险家。”孩子大声地说。

“那好啊。”父亲回答。

“可是我现在就想开始训练。”孩子又说。

“怎么训练法？”父亲问。

“请给我每天买一个冰激凌，这样我就能适应北极的寒冷天气了。”孩子说。

“可北冰洋不生产冰激凌啊！”父亲回答说。

这则幽默显示了孩童的机智，尽管不是用在家长认为的合理的方面，但他懂得如何以恰当的方式获得家长的欢心，以得到自己想要的东西。对此，家长也要用同样的语言拒绝他的要求，“以其人之道，还治其人之身”。父子如此幽默对话，令人称绝。

◎ 岳博士成长经历分享

我的幽默启蒙

1981年8月间，我作为北京第二外国语学院英语系的学生，以随团英语翻译兼导游的身份，参加了中国青年旅行社组织的一次全国旅游。而这次活动，让我开始了自己的幽默启蒙之旅。下面给大家分享那次导游之旅中的一些趣事。

好消息，坏消息

一天大清早，我们乘火车由北京来到洛阳旅游。在洛阳，我们参观了市容市貌及关帝陵、石窟等旅游景点。在洛阳的最后一天下午，大家顶着骄阳行走，深感不适，非常想找一个地方洗澡。但我们安排好晚上要坐火车去西安，已经把酒店退了，哪里有浴室洗澡呢？这时，罗伯特代表团员们建议我去找一个游泳池，说是在水里扑腾扑腾，不就算是洗澡了嘛。我赶紧与“地陪”（地方陪同）联络此事，结果还真找到了一个游泳池，可惜没水。

当得知此事后，我感到很沮丧，一是觉得8月天的游泳池没水，这事很荒唐；二是这事没办好，我感到很没面子。没承想，当我一脸丧气地把此事告诉罗伯特时，他倒反过来安慰我别着急。不仅如此，他还主动提出，代我向大家宣布这件事。

他把大家招呼了过来，上来就说："我有一个好消息和一个坏消息要告诉大家，大家想先听那一条？""先听好消息！"团员异口同声地说。

"好消息是我们真的找到了一个游泳池！"罗伯特眉飞色舞地说。

听到这里，团员们都非常兴奋，还相互击掌拥抱。"那么什么是坏消息呢？"有人问。

"就是没水！"罗伯特回答，还做了一个摊手的手势。

"噢——"团员们一致先是叹声，然后又都大笑起来。

从此之后，我也学会将不顺心的事用好消息和坏消息的方式来告诉他人。

我应该说对不起

晚上，我们登上了去西安的火车。我们旅行团包了一节软卧车厢。为了确保人员安全，我在开车后不久，又沿着包厢一个一个地确认。当我走进罗伯特的包厢时，我发现他已经脱掉外衣裤子，只穿了一条内裤坐在车位上乘凉（因为当时的列车还没有安装空调）。见此，我不好意思地说："对不起。"

不想罗伯特随手用枕头遮住大腿，连忙说："哪里呀，是我应该向你说声对不起的！"

说到这里，我们两个人都笑了。

I want "you", not "she"：我要"岳"，不要"石"

到达西安的那天早上，由于一位姓石的"地陪"的失误，罗伯特被安排与一位女团员同屋。当两个人进入同一个房间时，那女士立刻表现出极大的不悦，罗伯特也感到很生气。后来，经过我与"地陪"和旅馆方面的协调，问题得到了妥善的解决。但罗伯特仍是气鼓鼓的，我问他还有什么不满意的，他想了一下说"I want you, not she"。

在这里，因为我的"岳"字美国人发音不清，所以团员们就简称我为"you"，而那个"地陪"姓石，团员们就把他称作"she"。由此，"I want you, not she"表面上是在说"我要你，不要她"，实际上他是在说"我要你来帮我，不要石（导游）来帮我"。

罗伯特的幽默，真是没得比！

我要把你"偷运"到美国

我们旅行的最后一个晚上，大家举办了一个欢送会。会上许多团员都送了我小礼物，罗伯特神秘地对我说，他要送我一件大礼，让我会后去他的房间。我来到他的房间，发现屋中央放着一个大箱子，是新买的。我问他要送我什么礼物，他指着大箱子说："就是它。"

"这是什么意思？"我不解地问。

"我的意思是要把你装在这个箱子里，带回美国去，然后带你到美国各地去旅游，从加州到纽约岛[①]，领受世界之巅[②]的感觉……” 看着我一脸诧异的样子，罗伯特笑着说，“当然，我是在与你开玩笑啦。不好意思，我出门前没想到这一点，所以没有带礼物给你。不过，有朝一日，如果你来到美国，一定要来看我，也让我有机会尽地主之谊，这就是我要送给你的礼物。”“就这么说定啦。”我回答道。

不想临出门的时候，罗伯特又说：“等一等，我还有一个礼物要送你。”

“什么礼物？”我好奇地问。

罗伯特过来深情地拥抱了我一下，说：“就是这个。”

多年后，我终于明白，罗伯特还是送了我一个大礼，那就是幽默的体验。

① 这句话源于歌曲 *This Land is Your Land* 的歌词——from California to the New York island。

② 这句话源于一首歌曲名——*On The top of the World*。

第十八讲 培养孩子的执行力

做事磨蹭、拖拉，没效率，是不少孩子面临的问题，也是这些孩子的家长面临的困境。怎样提升孩子的学习效率，怎样让孩子做好自己时间的主人，是不少家庭面临的挑战。那么如何培养孩子养成良好的习惯，避免做事磨蹭、拖拉，没效率？我主张家长要培养孩子做好时间管理和任务管理，两者叠加，就能培养孩子良好的执行力。

培养孩子做好时间管理

孩子能够学有所成，与其良好的自律养成和自我管理密切相关，这当中重要的一条就是时间管理。而就有效的时间管理，我们以重要性高低为横坐标，以急切性高低为纵坐标，分出四个象限（见图 18–1）：急切并重要、急切但不重要、不急切但重要、不急切也不重要。家长要培养孩子从小了解这个时间管理图，并在生活中加以有效地运用。

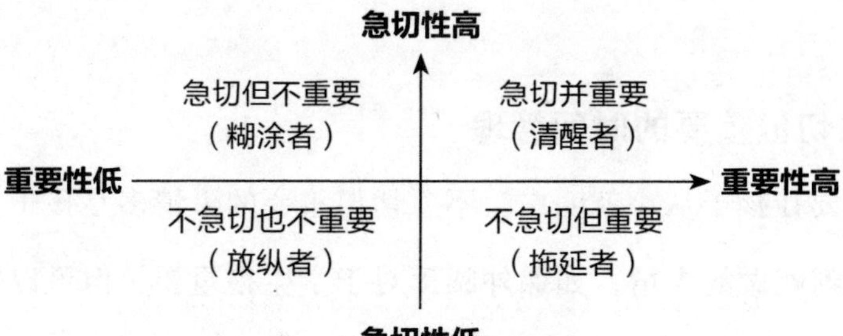

图 18–1　时间管理图

急切并重要的时间管理

家长要让孩子从小就明白，时间管理是人生管理的基本功训练，凡事都要有轻重缓急，学会分清什么是重要的事情，什么是次要的事情，什么是急切的事情，什么是不急切的事情。比如，对一个即将面临升学考试的学生而言，即将来临的考试就是重要的事情，玩网络游戏就是次要的事情，认真复习就是急切的事情，无休止的聊天就是不急切的事情。家长要培养孩子做好个人的时间管理，平衡好学习任务和闲暇活动之间的关系，成为时间管理上的清醒者。

急切但不重要的时间管理

家长要让孩子从小就明白，急切但不重要的事情多是孩子喜欢做但不一定要做的事情，如孩子喜欢打电子游戏、玩桌游、看电视节目 / 电影等，这些事情就不必急着做，也不一定要做。家长要引导孩子自我克制，告诉他不要因为喜欢就投入大量的时间和精力，进而忽略了重要的事情，到头来陷入学习和生活的被动，终而成为时间管理的糊涂者。

不急切但重要的时间管理

家长要让孩子从小就明白，不急切但重要的事情多是孩子需要做但不需要立刻就做的事情，如课外阅读对于学生很重要，但可以安排在学期结束后的寒暑假进行。家长要引导孩子自我觉察，告诉他不要因为任务不急切就加以忽略，到头来拖延成性，陷入学习和生活的被动，终而成为时间管理的拖延者。

不急切也不重要的时间管理

家长要让孩子从小就明白，不急切也不重要的事情，如闲聊、游逛等，如果在这些事情上花了太多的时间，那就是自我放纵。家长要引导孩子自我觉察和克制，使其避免因为过度投入而无以自拔，终而成为时间管理的放纵者。

总之，时间管理是提高效率的功夫。人在做事时应该先做什么，后做什么，怎么做才是快，怎么做才是慢？这些都是时间管理的思考题。时间管理也是良好习惯的养成，更是优势人格的表现。表 18–1 总结了上述时间管理的要点和注意事项。

表 18–1　时间管理的要点和注意事项

类型	突出特点	突出事例	对策建议	最终结果
清醒者	急切并重要	重要的考试、作业、交流	确立行动 立即执行	井然有序 高效做事
糊涂者	急切但不重要	爱好的游戏	确立优选 学会放弃	抗拒诱惑 抓住重点
拖延者	不急切但重要	课外阅读	确立计划 等待执行	挂在心头 伺机行动
放纵者	不急切也 不重要	长时间闲聊、游逛	确立目标 学会克制	加强自律 改变习惯

岳博士智慧家长小贴士

作业拖延症是如何产生的

- 做事完美主义：做事追求完美，反复修改检查，以致最后耽误了交作业的时间，得不偿失。

- 做事低自我效能：做事自我感觉难度大，无力完成，所以迟迟不去行动。
- 做事随意任性：做事随性、任性，没有韧性，也缺乏计划性，不能按部就班地完成既定的任务。
- 做事缺少规划：做事缺乏深入的规划，总是做了次要的事情而忽略了主要的事情。
- 做事等到最后一刻：做事迟迟不愿开始，到了最后才动手，结果手忙脚乱，事倍功半。

家长要训练孩子从小养成自我监督的习惯，做事排定时间表，努力加以实施，并根据实情做必要的调整。

我女儿的 5 小时限时工作法

我女儿在上香港中文大学时，为了确保学习的效率和精力，养成了一个作业习惯：一门功课在做满 5 小时后，就不再做了。

我曾问她为什么确定为 5 小时，她回答说，经过大量的作业实践，她发现大部分作业都可在 4 小时内完成，但也有的作业需要八九个小时才能完成，所以取其折中，凡作业都力争在 5 个小时内完成。我问她这么做有什么好处，她回答说：在作业上，25% 的精力投入差异是显而易见的，而 5% 的精力投入差异是很难看得出来的，这两者却可能耗费同样的时间；已经求了相对完美，就没必要求绝对完美。我女儿的观点与我所说的“求足美而不求完美”有异曲同工之妙！

我女儿的学习效率高，主要源自两点：一是做事要限时完成，不要一拖再拖，结果做事没了成效；二是做事求一定的完美，而不求绝对的完美，否则，人一定会因不堪重负而变得疲惫不堪，成绩上去了，人却有可能累垮了。

所以，家长要让孩子懂得，有效的时间管理需要给自己设置必要的时限，不能无限制地做一件事情或等待做一件事情。如果无限制地做一件事情（如某个作业或考试复习），势必会形成完美主义心态，做事因求完美而变得吹毛求疵，反复不断；而无限制地等待做一件事情（如准备复习某个考试或完成某个作业），势必会形成侥幸心态，做事因等待最后的突击而变得不到最后一刻不开工。家长要帮助孩子养成做事带节奏、有时限的良好习惯，既不渴求绝对完美而延误任务的完成，也不因侥幸心态而拖延至最后一刻。

总之，时间是挤出来的，效率是压出来的。时间对每个人都是一样的，每个人对时间的把握却是不一样的。时间管理就是任务管理，而任务管理就是压力管理。

英文谚语“Early bird catches the worm”，中文意思是“早起的鸟儿有虫吃”。我以此话送给各位家长。

岳博士智慧家长小贴士

家长培养孩子执行力的提示语

- 心思在哪里，时间在哪里。
- 效率是盯出来的，方法是逼出来的。
- 有目标没计划等于没效率，有计划没目标等于没方向。
- 人生的悲哀在于辛辛苦苦犯错误，认认真真走弯路。
- 赛道大于赛事，赛事输了还可以重赛，赛道错了就什么都错了。

培养孩子做好任务管理

家长要让孩子明白，有一种失败叫瞎忙。瞎忙的人给人的感觉是：每天都很忙，但忙的都不是该忙的事情；他们看上去似乎很有效率，却分不清轻重缓急；他们说起理来头头是道，就是缺乏实效；他们生活似乎很有规律，学习效果却一般般。

孩子要避免瞎忙，就需要学会有效的任务管理。我们以计划性高低为横坐标，以目标性高低为纵坐标，分出四个象限（见图 18–2）：高目标高计划、高目标低计划、低目标高计划、低目标低计划。家长要培养孩子从小就了解这个任务管理图，并在生活中加以有效地运用。

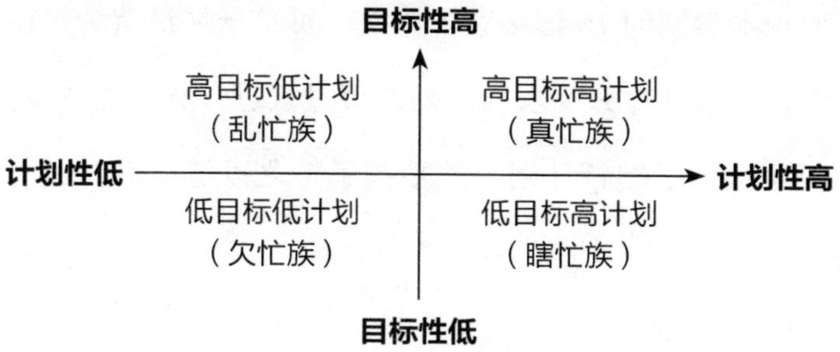

图 18-2　任务管理图

高目标高计划的任务执行

许多孩子看上去每天忙碌不已，却因没有很好的目标性和计划性而事倍功半，效率不高。所以家长要让孩子明白，任务管理是人生管理的基本功训练，凡事都要有一定的目标性和计划性，这样才能提升任务执行的效率，减少任务执行中的随意性，成为任务执行上的真忙族。

高目标低计划的任务执行

高目标低计划是指孩子有想要做的事情，却没有落实。如孩子自己给自己制订了每天跑 3000 米锻炼目标，但是只跑了两天就放弃了。这时，家长要培养孩子的任务执行力，告诉他做事不要太随意，要根据自身的条件综合考虑，制订切实可行的计划，提高计划执行的效率，不要成为任务执行的乱忙族。

低目标低计划的任务执行

低目标低计划是指孩子做事没有任何目标性和计划性。如还有两周，老师就要考查本学期的 10 篇必背古诗文，可孩子并没有为自己制订每天落实哪个篇目、达到什么要求的计划，得过且过，觉得能背多少算多少。这时家长要帮助孩子制订计划，鼓励孩子持之以恒，不要成为任务执行的欠忙族。

低目标高计划的任务执行

低目标高计划是指孩子做事虽有计划性，但做的都不是现阶段重要的事情。如孩子计划在两周内每天花两个小时拼乐高，并且每天按计划执行，可是，再过两周就要考试了，复习任务很重，孩子看起来确实很忙，却把重要的复习耽误了。这时，家长要提醒孩子确立优先项，分清事情的轻重缓急，做现阶段重要的事，不要成为任务执行的瞎忙族。

表 18–2 总结了上述任务管理的要点和注意事项。

表 18–2　任务管理的要点和注意事项

类型	突出特点	突出表现	突出结果	对策建议
真忙族	高目标高计划	目标明确 行动麻利	忙碌有序 高效做事	确立平衡 注意劳逸结合
乱忙族	高目标低计划	好高骛远 缺乏计划	忙乱无序 低效做事	确立计划 做事讲究效率
欠忙族	低目标低计划	懒散随性 缺乏动机	躺平放弃 无所事事	确立计划 做事讲究恒心
瞎忙族	低目标高计划	好像很忙 缺乏目的	忙而无效 效无所功	确立优选 做事有轻重缓急

◎ 岳博士成长经历分享

我导师心目中出色孩子的五大标准

我在哈佛大学的导师罗伯特·莱文退休前一直担任哈佛大学教育研究生院的资深教授。一天我们聊起什么样的孩子算是出色的孩子，导师兴致极高，他结合自己培养孩子的经验，一口气讲了大半个小时，我听得如痴如醉，概括起来有以下五条：

1. 出色的孩子能管理好自己的时间，不会做事拖拉、磨蹭，不会不到最后一刻不动手，而是养成早做安排、按部就班的良好习惯。

2. 出色的孩子能管理好自己的情绪，不会因与外人冲突而自我伤害，或拿别人的错误来惩罚自己。

3. 出色的孩子能管理好自己的事情，不会让父母过多管理或干涉自己的事情，而是从小就学会独自解决困难，并学会与家人分享。

4. 出色的孩子能管理好自己的生活，不会把自己的生活搞得一团乱麻，也不会等待家人来整理自己的生活。

5. 出色的孩子能管理好自己的娱乐活动，不会玩起来毫无节制，一发不可收拾，到头来耽误自己应该做的事情。

当时，我让导师举例说明，导师想了想说，他儿子13岁时，有一次玩任天堂游戏玩了一个通宵，尽管导师两次提醒他不要再玩了，可他还是玩到了黎明，结果错过了第二天上午的考试。当时任课老师找不到他，就去询问他姐姐（他们在同一所学校就读），姐姐放学后告诉了我的导师。

导师听说后没有立即责骂儿子，而是悄悄地把儿子叫到书房，问他今天上课的情况如何，儿子说挺好的，说完就想出门。导师盯着儿子再问："今天真的挺好？"儿子迟疑了一会儿，老实承认因为昨天晚上通宵玩游戏，今天错过了考试。

导师没有斥责孩子，而是让他自己说出问题出在哪里，并做出今后的承诺。儿子道歉说："昨晚玩得太欢，以至于到了学校就径直去图书馆一个僻静的地方睡觉了，睡醒后才发现已经错过了考试时间。我保证今后玩游戏绝对不失控，在重大考试期间更不能放纵玩游戏。"

导师静静地听着，然后让儿子把刚才承诺的要点写下来，留给导师，并言以后若有再犯，定将严肃处理。儿子认真写了，也认真履行了，以后再没有出现类似玩得过分的情况。

我好奇地问导师，如果孩子真是再犯，他会怎样处罚他。导师说："我会让他自己提出处罚手段，而不是我生硬地处罚他。"末了导师还说，"A good parent should get children speak for you rather than you speak for them（成功家教的秘诀在于让孩子说出你想让他说的话，而不是给他灌输他不想听的话）。"

我以此话送给各位家长。